데살로니가전후서

주의 날이 이를 때에

이상원성경강해
BIBLE EXPOSITION 04

데살로니가전후서
주의 날이 이를 때에

지은이	이상원
펴낸이	조혜경
디자인	김이연
발행처	지혜의언덕
초판발행	2024년 2월 15일
출판등록	제2022-000024호 (2022. 03. 11)
주소	성남시 분당구 운중로 242 리버스토리 501호
문의	전화 070-7655-7739 팩스 0504-264-7739
	이메일 hkcho7739@naver.com

ISBN 979-11-979845-7-0 (04230)
        979-11-979845-4-9 (세트)

이상원성경강해 **04**
BIBLE EXPOSITION

데살로니가전후서

주의 날이 이를 때에

이상원 지음

지혜의언덕

데살로니가전후서는 바울이 저술한 최초의 서신입니다. 바울은 2차 선교여행 중 두 번째 사역지인 데살로니가에서 힘 있는 복음사역을 통해 많은 이방인을 개종시키는 큰 열매를 거두기 시작했습니다. 그러나 유대 교인들의 방해 공작 때문에 복음을 알아가기 시작한 연약한 성도들을 두고 바울은 데살로니가를 떠나야 했습니다. 데살로니가전후서에는 연약한 성도들과 갑작스럽게 이별해야만 했던 바울의 안타까운 마음, 성도들에 대한 그리움과 따뜻한 애정이 절절하게 나타나 있습니다.

또한, 이 서신에는 예수님의 재림 시에 이미 죽은 성도는 여전히 살아 있는 성도보다 열등한 대우를 받는가? 재림의 시기는 언제이며 그 징조는 무엇인가? 재림을 맞이하는 성도의 생활 모습은 어떠해야 하는가? 등의 문제에 관한 바울의 가르침이 잘 나타나 있습니다. 그뿐만 아니라 하나님이 현재 성도들에게 주신 일상의 직무를 성실하게 힘껏 수행하는 것이 최선의 재림준비임을 강조한 바울은 이 서신을 통해서 경건하고 바른 도덕적인 삶을 살아가는데 필요한 주옥같은 교훈을 제시하고 있습니다.

필자는 네덜란드 유학생활 중에 마가복음과 사도행전을 연구하고 묵상한 내용을 서신으로 한국과 미국에 있는 성도들과 나눈 바 있습니다. 유학을 마치고 귀국한 후 몇 분의 지인과 함께 정기적으로 성경공부 시간을 가졌습니다. 사도행전 공부를 마무리한 필자는 사도행전의 제일 주인공인 사도 바울이 서술한 서신을 공부해보고 싶은 마음에 데살로니가전후서를 선택했고, 성경공부를 통해 정기적으로 지인들과 그 내용을 나누었습니다. 이때 준비된 데살로니가전후서 강의내용은 한 곳의 신학교와 몇 교회에서 강의한 일이 있으며, 2023년 봄 학기에는 대전 새로남교회 성경대학에서, 그 이후 데살로니가전서는 맑은샘교회 주일 낮 예배 설교시간을 통하여 전달되었습니다. 이 결과물을 책을 통하여 독자들과 나누게 된 것을 기쁘게 생각하며 이런 기회를 주신 하나님께 감사드립니다. 앞으로 이미 준비되어 있거나 준비 중인 갈라디아서, 야고보서, 사도행전, 고린도전서, 고린도후서, 로마서 등도 독자들과 나눌 기회가 있기를 바랍니다.

데살로니가전후서 강의안을 면밀하게 검토하고 교정해 주신 지혜의 언덕 김종원, 이희순, 지형주 편집위원께 감사드리며 책을 예쁘게 디자인해 준 김이연 디자이너에게도 감사의 말씀을 전합니다. 필자의 모든 사역의 동역자인 사랑하는 아내 조혜경, 그리고 사랑스러운 세 딸 진희, 윤희, 현희와 함께 출간의 기쁨을 나누고 싶습니다.

2024년 2월
판교 연구실에서
이 상 원

데살로니가후서

서론 &

데살로니가전서

Thessalonians

I Thessalonians

1

서론

연약한 성도를
향한 애정

행 17:1-15; 18:1-5

역사적 배경: 데살로니가교회 성도를 향한 바울의 사랑

바울은 세 차례 선교여행을 했습니다. 마지막에 바울이 죄수의 몸으로 로마로 압송되어 가는 과정까지 합하면 네 차례 선교여행을 했다고도 볼 수 있습니다. 물론 이것은 사도행전에 기록된 바울의 여정만을 염두에 두고 하는 말입니다.

바울이 데살로니가에 처음 발을 들여놓은 것은 2차 선교여행 때였습니다. 소아시아 지방_{오늘날의 튀르키에 지방}에서 계속 전도활동을 하려고 계획했던 바울은 하나님의 인도함을 받고 방향을 바꾸어서 마게도냐 지방_{오늘날의 그리스}으로 향합니다. 마게도냐 지방에 들어선 바울은 빌립보를 경유하여 데살로니가로 들어옵니다.

데살로니가는 로마의 속국이었던 마케도니아의 수도로서, 당시 로마의 고속도로인 아피안대로가 도시 중앙을 관통하여 지나가고 있었을 뿐만 아니라 바다도 인접해 있었기 때문에 무역과 교통의 중심지가 되었습니다. 데살로니가는 로마정부로부터 자치권을 허용받은 현지인 지도자인 읍장이 다스리는 도시였습니다. 이곳에서는 특별히 술과 풍요의 신이라고 일컬어지는 디오니소스 신이 숭배되고 있었고 여러 유형의 밀의密議종교들도 퍼져 있었습니다. 술의 신인 디오니소스가 주로 숭배되는 도시였다는 것은 신을 숭배하는 관습이 매우 문란했다는 것을 뜻합니다.

데살로니가에 들어간 바울은 늘 하던 방식대로 이곳에 있는 유대교 회당에 들어갔습니다 행 17:1. 유대인들은 자신들의 국교나 다름없는 유대교를 열심히 전하다가 이제는 유대교와는 다른 교리를 전하는 바울을 변절자로 단정하고 바울이 가는 곳마다 바울을 끈질기게 괴롭혔습니다. 사도 바울의 선교여정에는 항상 유대인들의 집요한 방해가 뒤따랐습니다. 유대인들은 바울이 개종한 때부터 로마로 끌려갈 때까지 바울을 괴롭히며 틈만 있으면 죽이려고 했습니다.

유대인들이 바울을 끈질기게 괴롭히는데도 바울은 선교지에서 유대인들이 모여 예배드리는 회당을 항상 먼저 찾아가 회당에서 가르치는 가르침과는 충돌을 일으킬 수밖에 없는 복음을 계속하여 전했습니다. 그 정도로 동족을 향한 바울의 사랑과 애정은 깊었습니다. 동족을 향한 바울의 마음은 로마서 9장 1-2절에 잘 나타나 있습니다. "내가 그리스도 안에서 참말을 하고 거짓말을 아니 하노라 나에게 큰 근심이 있는 것과 마음에 그치지 않는 고통이 있는 것을 내

양심이 성령 안에서 나와 더불어 증언하노니 나의 형제 곧 골육의 친척을 위하여 내 자신이 저주를 받아 그리스도에게서 끊어질지라도 원하는 바로라." 이와 같은 바울의 태도에서 우리는 기독교에서 말하는 사랑이란 어떤 것인가를 알 수 있습니다. 바울의 발걸음은 "네 오른편 뺨을 치거든 왼편도 돌려대며…속옷을 가지고자 하는 자에게 겉옷까지도 가지게 하며…너로 억지로 오 리를 가게 하거든 그 사람과 십 리를 동행하고…너희 원수를 사랑하며 너희를 박해하는 자를 위하여 기도하라"마 5:39-44라고 하신 예수님의 말씀을 생각나게 합니다. 우리는 가는 곳마다 유대교의 회당을 찾아가는 바울에게서 예수님의 사랑을 실천에 옮기고 있는 거룩한 모습을 만납니다.

바울은 데살로니가에 체류하는 동안 안식일을 이용하여 회당에서 복음을 전했습니다. 바울이 전한 복음의 내용은 예수님이 우리 죄를 대신 지고 십자가의 죽음을 당하셨으나 죽음을 이기고 부활하셨다는 것입니다. 십자가에서 죽으신 인간 예수님이 바로 우리를 구원하시는 하나님이신 그리스도가 되신다는 것입니다행 17:2-3. 바울이 행한 세 차례에 걸친 안식일설교를 듣고 "경건한 헬라인의 큰 무리와 적지 않은 귀부인"이 복음을 받아들이고 바울과 실라를 따르기 시작했습니다행 17:4. 4절이 말하고 있는 "경건한 헬라인들"이란 이방인들로서 유대교에 관심과 매력을 느끼고 유대교에 입문하기는 했는데, 할례문제를 비롯한 유대교의 지나치게 엄격한 율법조항들이 부담이 되어 유대교의 정회원으로 입문하는 것을 주저하면서 유대교 변두리에 머물러 있던 사람들을 가리킵니다. "귀부인"이란 주로 고위관리들의 부인들을 가리킵니다.

바울의 사역이 큰 열매를 거두자 유대교를 신봉하던 유대인들이 당황하기 시작했습니다. 유대교 지도자들은 바울을 그 당시 유행하던 유대교 순회설교자 정도로만 생각하고 크게 경계하지 않았습니다. 그러나 유대인들은 곧 바울이 전하는 설교의 내용이 유대교의 가르침과는 다르다는 사실을 알게 되었습니다. 그뿐만 아니라 정식으로 유대교인은 되지 않았으나 유대교 주위를 맴돌던 예비 유대교인들이 대거 바울이 전하는 복음을 받아들이기 시작한 것을 알게 되었습니다. 따라서 바울의 복음을 받아들일 생각이 없는 유대교인들이 위협을 느끼기 시작한 것은 자연스러운 일입니다. 이들은 바울이 전하는 복음의 내용을 더 자세히 알아보려고 하거나 바울과 선의의 경쟁을 하려고 하지 않고 바울 일행을 정치적으로 제거하려는 공작을 시작합니다.

사도행전의 본문은 이들이 "저자의 어떤 불량한 사람들"을 불러 모았다고 말합니다 행 17:5. "불량한 사람들"이란 오늘날로 말하자면 "깡패"를 뜻합니다. 깡패를 동원하여 바울 일행을 찾아 나선 유대인들은 바울 일행을 찾아낼 수가 없었습니다. 사태를 짐작한 성도들이 바울 일행을 미리 안전한 곳에 대피시켜 놓았기 때문입니다. 바울 일행을 찾는 데 실패한 유대인들은 야손의 집에 쳐들어가서 집을 뒤졌으나 이곳에서도 바울 일행을 찾을 수 없었습니다. 야손은 바울의 설교를 듣고 개종한 뒤 바울의 추종자가 된 성도임이 분명합니다. 야손은 개종한 뒤 바울 일행에게 숙식을 제공하고 회당설교가 중지 당한 이후에는 자기 집을 설교 장소로도 제공했던 것 같습니다. 야손의 집은 향후 데살로니가교회의 모체가 됩니다.

야손의 집에서도 바울 일행을 찾아내는 일에 실패한 "불량한 사람들"은 대신 야손 집 식구들을 붙잡아 읍장들 앞으로 끌고 가^{행 17:6} 야손이 로마황제 가이사의 명을 거역하고 가이사가 아닌 다른 임금을 전하는 바울 일행을 맞아들였다고 고발합니다. "천하를 어지럽게 하던 이 사람들이 여기도 이르매 야손이 그들을 맞아 들였도다 이 사람들이 다 가이사의 명을 거역하여 말하되 다른 임금 곧 예수라 하는 이가 있다 하더이다"^{행 17:6-7}.

"가이사의 명"이 무엇인가에 대해서는 약간의 설명이 필요합니다. 이 당시 로마제국 전역에 산재해 있었던 유대인들 사이에는 "군사적 메시아주의"가 팽배해 있었습니다. 군사적 메시아주의는 군사력을 키워서 로마에 빼앗긴 나라를 되찾자는 유대인들의 운동을 말합니다. 이 운동에 뒤따르는 폭력사태를 우려한 로마의 클라우디우스 황제는 이 사상의 확산을 금지하는 명령을 주후 41년에 로마제국 전역에 선포했습니다. 클라우디우스 황제는 이 금령의 후속조치로서 주후 49년에는 로마에 살고 있던 유대인들을 추방하는 명령을 내리기도 했습니다. 이 추방령 때문에 로마를 떠나 고린도에 온 사람이 바로 사도행전 18장 2절에 등장하는 아굴라와 브리스길라 부부입니다. "아굴라라 하는 본도에서 난 유대인 한 사람을 만나니 글

라우디오가 모든 유대인을 명하여 로마에서 떠나라 한 고로 그가 그 아내 브리스길라와 함께 이달리야로부터 새로 온지라 바울이 그들에게 가매." 야손의 가족을 통해서 간접적으로 바울을 고발한 근거가 된 가이사의 명은 클라우디우스가 주후 41년에 선포한 금령입니다.

읍장들은 유대교인들도 아니었고, 유대교의 문제에 관심도 없었을 뿐만 아니라 그렇다고 해서 로마인도 아니었기 때문에 문제가 확대되는 것을 달가워하지 않았습니다. 읍장들의 입장에서는 그저 도시의 치안만 잘 유지되면 그만이었습니다. 읍장들은 야손 가족으로부터 다시는 바울을 데살로니가에 들여보내지 않는다는 약속을 받고 야손 가족을 석방시켜 주는 선에서 사건을 마무리합니다 _{행 17:8-9}. 이런 우여곡절을 겪은 끝에 데살로니가교회의 성도들은 유대인들의 눈을 피해 밤중에 바울과 실라를 인근 도시인 베뢰아로 보냅니다_{행 17:10}.

강제로 떠밀리다시피 하여 데살로니가를 떠난 바울은 아쉬움과 안타까움을 떨쳐 버릴 수가 없었습니다. 이제 겨우 복음의 맛을 보기 시작한 교인들의 믿음을 굳게 하려면 전해야 할 내용이 너무 많은데 그 많은 내용을 제대로 풀어 놓지도 못한 채 떠나야 했기 때문입니다. 데살로니가교회의 연약한 성도들이 바울 자신으로 인하여 시작된 유대교인들의 집요한 방해와 핍박을 견뎌낼 수 있을지도 알 수 없었습니다. 너무나 안타까운 나머지 바울은 어떻게 해서든지 데살로니가로 다시 들어가려고 시도했습니다. 그러나 데살로니가교회의 성도들이 바울을 다시 데살로니가로 들여보내지 않는다는 조건으로 바울을 무사히 데살로니가로부터 내보낼 수 있었기 때문에 바울의 계획은 이루어질 수 없었습니다. 이때의 사정이 데살로니가전서 2장 17-18절에 잘 나타나 있습니다. "형제들아 우리가 잠시 너희를 떠난 것은 얼굴이요 마음은 아니니 너희 얼굴 보기를 열정으로 더욱 힘썼노라 그러므로 나 바울은 한번 두번 너희에게 가고자 하였으나 사단이 우리를 막았도다."

베뢰아에 도착한 바울은 모처럼 마음 밭이 좋은 성도들을 만나 즐거운 마음으로 복음을 전할 수 있었습니다. 베뢰아 사람들은 신사적이었고, 간절한 마음으로 말씀을 받고 날마다 성경을 상고하는 사람들이었습니다 행 17:11. 바울은 이들에게 복음을 가르치면서 많은 열매를 거두었습니다 행 17:12. 그런데 바울이 베뢰아에서 복음을 가르친다는 소식을 전해 들은 데살로니가의 유대교인들이 베뢰아까지 원정을 내려와 방해 공작을 했습니다. 바울의 신변을 염려했던 베뢰아의 성도들은 디모데와 실라는 베뢰아에 그대로 머물게 하고 바울을 먼저 급히 배편으로 아테네로 피신시킵니다 행 17:14-15.

바울은 아테네에서 디모데와 실라가 내려오기를 기다리다가 아테네의 유명한 아레오바고 광장에서 설교를 합니다. 호기심을 가지고 바울의 설교를 듣던 아테네의 청중은 바울이 예수님의 부활을 말하기 시작하자 태도가 돌변하여 바울을 조롱하기 시작했고, 더 이상 바울의 설교를 들으려고 하지 않았습니다. 이 때문에 아레오바고 광장에서의 바울의 설교는 중단되었습니다.

디모데와 실라가 베뢰아로부터 아테네로 와서 바울과 합류하자 바울은 힘을 얻었습니다. 그러나 데살로니가교회의 성도들에게 복음을 제대로 다 전하지도 못한 채, 핍박거리만 남겨 놓고 떠나야 했던 일이 계속하여 바울의 마음을 짓눌렀습니다. 데살로니가로 들어가는 길이 막힌 바울은 디모데를 데살로니가로 다시 보내서 성도들을 돌보도록 조처했습니다. 이 사정이 데살로니가전서 3장 1-3절에 나타나 있습니다. "이러므로 우리가 참다 못하여 우리만 아덴에 머물기를 좋게 생각하고 우리 형제 곧 그리스도 복음을 전하는 하나님의 일꾼인 디모데를 보내노니 이는 너희를 굳건하게 하고 너희 믿음에 대하여 위로함으로 아무도 이 여러 환난 중에 흔들리지 않게 하려 함이라."

바울은 부활 소식을 받아들이지 않고 조롱하는 아테네인들을 뒤로하고 고린도를 향하여 떠납니다. 고린도에 도착한 바울은 이곳에서 귀중한 동역자들을 만나는데 바로 아굴라와 브리스길라 부부입니다^{행 18:1-2}. 바울의 직업과 같은 장막 깁는 일을 하는 아굴라 부부를 만난 바울은 유대인 회당을 이용하여 복음전도를 계속합니다^행

18:3-4. 이때 데살로니가교회로 파송했던 디모데와 실라가 고린도로 내려와서 바울에게 데살로니가교회의 소식을 전합니다.

이 무렵의 바울이 어떤 마음 상태에 있었을까를 추정해 볼 필요가 있습니다. 하나님의 강권적인 인도하심에 끌려서 유럽의 관문인 마게도냐로 들어선 바울의 여정은 고달프기 이를 데 없었습니다. 첫 전도지인 빌립보에서는 귀신들린 여종으로부터 귀신을 쫓아내 주는 선한 일을 했으나 그 일 때문에 오히려 모함을 받아 옥에 갇혀야 했고, 빌립보를 떠나 달라는 간청을 받고 떠밀려서 떠나야 했습니다. 데살로니가에 들어가서도 복음전도를 시작하려고 하던 차에 바울 자신 때문에 온 성에 소동이 일어나 결국 도시의 평안과 성도들의 안전 때문에 떠나야 했습니다. 베뢰아에서도 마음 밭이 좋은 성도들과 만나 즐겁게 사역을 하려고 했으나 또 유대교인들의 방해 공작 때문에 떠나야 했습니다. 아테네에서도 사람들이 설교를 들으려고 하지 않으니 떠나야 했습니다. 바울은 해야 할 일은 제대로 하지 못하고 가는 곳마다 문제아처럼 몰려서 떠나야 했던 것입니다. 사람의 심리라는 것이 떠나고 싶은 마음이 가득 차 있어도 막상 떠나라고 하면 서운하기 마련인데, 떠날 생각 없이 열심히 일하는 사람을 강제로 떠나라고 하면 얼마나 서운하겠습니까?

정들만 하면 쫓겨나고 성도들과 헤어지는 일이 반복되니 바울이 고린도에 도착했을 때는 많이 지쳤고, 자신감도 많이 잃어버렸고, 자신이 길을 제대로 가고 있는가에 대해서도 의문이 드는 지경에 이르렀습니다. 한마디로 낙심과 좌절에 빠진 것이지요. 이와 같은 바울의 심경이 고린도전서 2장 3절에 잘 나타나 있습니다. "내가 너희 가운데 거할 때에 약하고 두려워하고 심히 떨었노라." 얼마나 마음이 힘들면 심히 떨기까지 했겠습니까?

바로 이때 디모데와 실라가 데살로니가로부터 고린도로 내려와 바울을 만나서 데살로니가교회 성도들의 소식을 전해 주었습니다. 디모데가 전한 소식은 뜻밖에도 매우 반가운 것이었습니다. 데살로니가교회 성도들이 바울의 마음을 잘 이해하고 지도자가 없는 어려운 상황 속에서, 그리고 많은 유대교인의 방해 공작에도 아랑곳하지 않고, 굳건하게 신앙생활을 계속하고 있다는 것입니다. 이 소식을 들은 바울은 비로소 그동안 자신을 무겁게 짓눌러 왔던 마음의 짐을 벗고, 늘 쫓겨 다니기만 했던 자신의 사역이 결코 헛된 일이 아니라는 것을 깨달으며, 실의와 좌절을 한순간에 벗어버릴 수 있었습니다. 이제 바울은 힘차게 고린도에서의 사역에 매진할 수 있게 되었습니다. 사도행전 18장 5절을 읽어 보면, 바울이 디모데와 실라를 만난 후에 "하나님의 말씀에 붙잡혀 유대인들에게 예수는 그리스도라 밝히 증언하니"라고 보도합니다. '말씀에 붙잡혔다'라는 표현이나 '밝히 증언했다'라는 표현이 한껏 고양된 바울의 마음 상태를 보여줍니다. 디모데와 실라를 통하여 기쁜 소식을 전해 듣고 데살로니가교회의 성도들을 위로하고 격려하기 위하여 쓴 서신이 데살로니가전서이며, 이 서신을 전달하기 위하여 데살로니가를 방문하고 돌아온 디모데로부터 다시 소식을 전해 듣고 곧이어 보낸 서신이 데살로니가후서입니다.

서신을 쓴 동기

데살로니가전서와 후서를 저술하게 된 가장 큰 동기는 데살로니가 성도들이 바울이 없는 중에도 굳건하게 신앙생활을 계속한다는 소식을 전해 듣고 성도들을 위로하고 격려하려는 데 있습니다. 그러나 이것이 데살로니가전서와 후서를 저술하게 된 유일한 동기는 아닙니다. 이 외에도 몇 가지 매우 중대한 문제가 데살로니가교회 성도들 사이에서 제기되었고, 이 문제에 대해서 분명한 답변을 주어야 할 필요가 있었던 것도 바울이 이 서신들을 쓰게 된 이유입니다.

1) 바울이 설교를 통하여 돈벌이를 하는 방랑설교자라는 비난

먼저 유대교인들은 어떻게 해서든지 바울을 깎아내리려고 했는데, 이들의 입을 통하여 바울에 대한 나쁜 소문이 나돌았습니다. 나쁜 소문이란 바울이 성도들에 대한 진정한 애정이 없이 개인적인 이익을 추구하는 데만 혈안이 된 사람이라는 것이었습니다. 당시 이 지방에는 이른바 방랑설교자들wandering preachers이 많았습니다. 이들은 자신들이 고안해낸 특이한 종교관이나 철학을 가르쳐주고 그 대가로 돈을 받고 생계를 연명해 가던 사람들이었습니다. 바울의 활동은 겉으로만 보면 이들의 활동과 비슷하게 보였기 때문에 사람들은 이런 비난을 쉽게 할 수 있었습니다. 유대교인들은 바울 일행을 방랑설교자에 비유하면서, 본색이 드러날 때가 되니까 소리도 없이 자취를 감추고 줄행랑을 놓아 버린 것이라고 비난했습니다.

이 비난을 들은 바울은 자신과 자신의 동료들이 데살로니가에 체류하는 동안 성도들에게 누를 끼치지 않으려고 밤낮으로 손수 일을 하여 스스로 생계를 충당했다는 사실을 상기시킴으로써 그 같은 비난이 얼마나 근거 없는 중상모략인가를 지적합니다. "형제들아 우리의 수고와 애쓴 것을 너희가 기억하리니 너희 아무에게도 폐를 끼치지 아니하려고 밤낮으로 일하면서 너희에게 하나님의 복음을 전하였노라"_{살전 2:9}.

2) 재림에 대한 오해

그런데 이보다 더 중요한 문제는 재림에 대한 오해가 데살로니가교회에 퍼져 있었다는 사실이었습니다. 초신자들이 전부인 데살로니가교회 성도들 가운데는 예수님의 재림이 임박했다는 가르침을 듣고 자신들이 죽기 전에 산 채로 들림을 받아 올라갈 것이라고까지 성급하게 생각하는 자들이 있었습니다. 이런 생각을 하고 있었던 이들에게 큰 문제가 하나 발생했는데, 그것은 그만 그들 가운데 일부가 죽은 일이었습니다. 그러자 교인들이 당황하기 시작했고, 여러 가지 의문이 일어났습니다. "예수님이 오시기 전에 죽은 자들의 운명은 어떻게 되는 것인가? 이들은 살아서 예수님을 만나는 사람들보다 축복을 덜 받는 자들인가?" 이 질문을 들은 바울은 재림 전에 죽은 자나 살아서 재림을 맞이한 자나 받는 축복은 동일하다는 점을 강조함으로써 성도들을 안심시킵니다. "형제들아 자는 자들에 관하여는 너희가 알지 못함을 우리가 원하지 아니하노니 이는 소망 없는 다른 이와 같이 슬퍼하지 않게 하려 함이라 우리가 예수께서 죽으셨다가 다시 살아나심을 믿을진대 이와 같이 예수 안에서 자는 자들도 하나님이 그와 함께 데리고 오시리라"살전 4:13-14.

그뿐만 아니라 성도들 가운데 일부는 종말이 가까웠으니 일할 필요가 없다고 주장하면서 아예 일을 하려고 하지 않고 다른 사람들에게 얹혀서 적당히 얻어먹으면서 지내려고 했습니다.

재림날짜가 구체적으로 언제인지 궁금해하는 자들도 나타났습니다. 바울은 이런 문제들에 대한 자신의 가르침을 데살로니가전서에 담아서 보냈습니다. 재림문제는 데살로니가전서 4장 13-18절과 5장 1-11절에서 중점적으로 다루어졌고, 그 밖에도 1장 10절, 2장 19절, 3장 13절 등에 암시되어 있습니다.

그런데 데살로니가전서를 써서 보낸 후에 바울 자신에 대한 오해 문제는 해결되었으나, 재림에 관련된 문제들은 여전히 미해결 상태로 남아 있었습니다. 어떤 사람들은 재림의 날이 이미 이르렀다고 주장하기도 했고, 재림이 곧 올 것이니까 일을 하지 않아도 된다는 생각도 사라지지 않고 계속되었습니다. 이 소식을 전해 들은 바울은 시급히 또 한 통의 서신을 보낼 필요를 느끼고 서신을 보내는데, 이것이 데살로니가후서입니다. 특별히 데살로니가후서 2장이 재림문제를 다루고 있습니다.

기록연대

데살로니가전후서는 바울이 고린도에 체류할 때 기록되었습니다. 이때가 구체적으로 몇 년쯤 되는가를 추정하는 방법은 다음과 같습니다. 바울이 고린도에서 18개월 정도 머물렀고^{행 18:11}, 바울의 사역이 끝나갈 무렵 고린도에서 바울에 대한 모함이 일어난 때가 갈리오가 아가야 총독이 된 때였습니다^{행 18:12}. 갈리오가 아가야 지방의 총독이 된 때가 51-52년 사이입니다. 그러므로 바울이 고린도에 체류한 기간은 51년 초에서 거꾸로 18개월을 거슬러 올라가야 합니다. 그러면 49년 후반부에서 51년 초까지 18개월 동안 바울이 고린도에 체류했다는 계산이 나옵니다.

바울이 고린도에서 데살로니가전서와 후서를 쓸 때 자신이 데살로니가를 떠난 기간을 "잠시"라고 표현하고 있는데, "잠시"라는 표현은 문맥상 몇 개월 정도를 뜻합니다. 바울이 데살로니가를 떠나 베뢰아, 아테네를 경유했던 기간이 아마도 2-3개월 정도는 되었을 것이므로 바울이 데살로니가전서와 후서를 쓴 때는 바울이 고린도에 온 지 얼마 안 된 초기임이 분명합니다. 이런 정보들을 종합하면 바울이 데살로니가전서와 후서를 쓴 때는 주후 50년 초 무렵이 될 것이라는 추정이 가능합니다.

저자

데살로니가전서 1장 1절과 후서 1장 1절은 "바울과 실루아노와 디모데"가 이 두 서신을 보내는 발신자라고 말하고 있습니다. 따라서 이 두 서신은 이 세 사람이 그 내용을 사전에 충분히 알고 있었음이 분명합니다. 그런데 데살로니가전서 2장 18절에서 바울이 자기 혼자만을 저자로 언급한 점이나, 데살로니가후서 3장 17절에서 바울이 "친필로" 문안한다고 말하고 있는 것으로 보아 서신을 쓴 장본인은 바울 자신임을 알 수 있습니다. 바울은 자신이 직접 서신을 쓴 후에 실루아노와 디모데에게 서신의 내용을 읽어 주고 동의를 구한 다음 세 사람의 이름으로 보낸 것이 분명합니다.

특징

첫째로, 이 서신에는 성부와 성자와 성령이 균형 있게 강조되고 있습니다. 특히 아버지와 아들의 동등성이 강조됩니다. "하나님과 주 예수 그리스도의 은혜"_{살후 1:12}, "하나님 우리 아버지와 우리 주 예수"_{살전 3:11}, "우리 주 예수 그리스도와...하나님 우리 아버지"_{살후 2:16}, "평강의 하나님"_{살전 5:23}과 "평강의 주"_{살후 3:16}, "하나님의 사랑하심을 받은 형제들"_{살전 1:4}과 "주께서 사랑하시는 형제들"_{살후 2:13}. 동시에 신자들의 삶을 돕는 성령의 역할이 강조됩니다. 성령이 효과적인 복음 전도_{살전 1:5}를 가능케 하며, 환란 가운데서도 기쁨을 잃지 않게 하고

살전 1:6, 거룩한 삶을 살게 한다살후 2:13는 사실이 강조됩니다. 이처럼 바울은 사역 초기부터 성부, 성자, 성령 삼위일체 하나님을 명확히 알고 있었습니다.

둘째로, 신앙과 윤리가 긴밀한 상관성 안에서 서술됩니다. 믿음에는 역사와 사랑의 수고와 소망의 인내가 뒤따라야 한다는 사실이 강조되고살전 1:3, 믿음이 있을 때 고난 가운데도 인내하는 삶이 나타나며살전 2:14; 살후 1:4, 피차 사랑하게 되며살전 3:12; 살후 1:3, 정결한 삶을 살게 되며살전 4:3-8, 근면성을 갖추게 되고살전 4:11; 살후 3:6-13, 사람을 선하게 대하는살전 5:15 열매가 나타난다는 점이 강조됩니다.

I Thessalonians

2

지도자와 주를
본받는 성도

살전 1:1-10

살전 1:1-10

하나님과 그리스도 안에 (1:1)

바울은 고대사회에서 편지를 쓰는 서식에 따라 인사말을 전하는 것으로 편지를 시작합니다. "바울과 실루아노와 디모데는 하나님 아버지와 주 예수 그리스도 안에 있는 데살로니가인의 교회에 편지하노니 은혜와 평강이 너희에게 있을지어다"1:1. 이 인사말에는 먼저 편지를 보내는 사람이 나옵니다. 편지를 보내는 사람은 세 사람이 거명되고 있는데, 바울과 실루아노와 디모데입니다. 편지를 받는 사람은 데살로니가교회입니다. 마지막으로는 "은혜와 평강"이 있기를 기원하는 간단한 인사말이 나옵니다. 이처럼 발신자 → 수신자 → 인사말의 순서로 편지 서두를 시작하는 것은 고대사회의 편지 작성 관습이었습니다. 발신자와 수신자 그리고 인사말의 내용에 대하여 간략한 설명을 하겠습니다.

1) 편지의 발신자가 바울과 실루아노와 디모데 세 사람으로 되어 있는데, 이 말은 세 사람이 공동으로 편지를 썼다는 말은 아니고, 바울이 쓴 편지의 내용에 대하여 디모데와 실루아노도 충분히 알고 또 동의하고 있음을 시사하는 정도로 이해하면 됩니다.

실루아노는 사도행전에 실라라는 이름으로 등장하는 인물로서, 실라는 헬라식 이름이고 실루아노는 로마식 이름입니다. 실루아노는 사도행전 15장에 기록되어 있는 예루살렘 총회가 끝난 후에 총회의 결정을 안디옥교회에 전달하기 위한 대표로 파견되었던 두 사람 가운데 하나입니다 행 15:22,27,32. 총회가 내린 중요한 결정을 전달하는 대표로 선발될 정도라면 예루살렘 교회에서 상당한 신망을 받던 인물임이 분명합니다. 바울은 원래 바나바와 함께 전도여행을 계속할 예정이었으나, 마가요한을 여행에 합류시키는 문제로 서로 의견이 맞지 않아 결국 따로따로 여행지를 선택하여 출발하게 됩니다. 이때 바나바를 대신하여 바울이 선택한 동료가 실루아노입니다. 바울이 2차 전도여행 시 감옥에 갇혔다가 풀려날 때 실라와 자신을 가리켜서 "로마 사람인 우리"행 16:21라고 표현한 것으로 보아서 실루아노는 로마시민이라는 사실을 알 수 있습니다.

디모데는 바울의 1차 전도여행 때 루스드라에서 전도활동을 하는 중에 얻은 제자로서, 경건한 유대인 어머니와 헬라인 아버지 사이에서 태어났습니다 행 16:1. 디모데는 모계인 어머니 유니게와 외조

모 로이스가 모두 경건한 신앙인이었기 때문에_{딤후 1:5}, 어려서부터 경건한 분위기에서 자라났으며, 성경교육을 받았습니다_{딤후 3:14-15}. 디모데는 2차 전도여행 도중에 바울의 택함을 받고 전도여행에 합류한 제자로서, 바울의 전폭적인 신뢰를 받은 인물입니다_{빌 2:19-22}.

  2) 편지의 수신자는 "하나님 아버지와 주 예수 그리스도 안에 있는 데살로니가인의 교회"입니다. 이 표현에서 우리가 주목해야 할 표현은 "안에"라는 표현입니다. 데살로니가인의 교회는 하나님 아버지와 주 예수 그리스도 "안에" 있는 교회입니다. "안에"라는 표현은 '넉넉하다'라는 인상을 줍니다. 바울은 데살로니가교회 성도들이 하나님 아버지와 주 예수 그리스도의 말을 듣는 자들이라거나 하나님 아버지와 주 예수 그리스도를 믿는 자들이라고 표현하지 않고, 하나님 아버지와 주 예수 그리스도 "안에" 있는 자들이라고 표현했습니다. 듣는다거나 믿는다는 표현을 사용하면 하나님이 성도로부터 일정한 거리를 둔 대상對象이 되고 성도는 그 대상 옆에 머물러 있는 존재가 됩니다. 그러나 하나님 안에 있다고 말하면 하나님의 넓은 품 안에 들어가서 그 안에 넉넉하게 안기는 모양이 됩니다. "안에"라는 표현은 신학적으로 매우 중요한 개념입니다. 우리가 예수 그리스도를 구주로 영접하는 순간 죄와 사망의 세력과 통치 안에 있던 우리가 예수 그리스도 '안으로' 삶의 자리를 완전히 이동하게 됩니다. 그리스도 안에 있을 때 칭의, 중생, 양자됨, 성화 등과 같은 모든 구원의 과정이 진행될 수 있으며, 또한 그리스도 안에 있을 때 우리의 구

원이 확실하게 보장됩니다.

3) 바울의 문안인사의 내용은 데살로니가교회 성도들에게 "은혜와 평강"이 임하기를 바라는 것으로 되어 있습니다. "은혜와 평강이 너희에게 있을지어다."

은혜는 하나님이 성도를 구원해 주시고 현세에서의 삶을 인도해 주시는 방법을 묘사하는 표현입니다. 하나님은 우리가 얼마나 의로운 삶을 살았는가를 근거로 하여 우리를 구원해 주시거나 우리의 삶을 인도해 주시는 분이 아닙니다. 하나님은 우리가 하나님 앞에 내어놓을 만한 의롭고 바른 모습을 보여드리지 못했음에도 불구하고 우리의 주님이신 예수 그리스도의 의로움 하나만을 보시고 우리를 구원해 주시고 우리의 삶을 인도해 주십니다.

평강은 두 가지 뜻이 있는데, 하나는 영육간의 건강함과 형통함을 뜻하고, 다른 하나는 투쟁의 상태 속에서 누리는 마음의 평온함을 뜻합니다. 이 두 가지 뜻이 모두 가능합니다. 그런데 우리는 여기서 순서에 주의할 필요가 있습니다. 반드시 은혜가 먼저 오고 그다음에 평강이 뒤따른다는 것입니다. 모든 뒤틀림의 근원인 죄를 하나님의 은혜를 통하여 사유함 받고 난 이후에야 비로소 영육간의 건강함과 형통함이 따라오고, 하나님을 믿는 믿음이 있어야 세상이 주는 것과는 다른 하늘로부터 오는 평안을 누릴 수 있습니다.

'믿음-사랑-소망'의 틀 (1:2-3)

인사말을 간단히 마친 바울은 데살로니가교회 성도들의 신앙생활 소식을 전해 듣고 하나님께 감사의 마음을 표현한 뒤에 그들의 아름다운 신앙생활을 소개하고 격려합니다.

2절에서 바울은 기도할 때마다 데살로니가교회 성도들을 잊지 않고 그들을 위해서 기도해 왔음을 밝힙니다. "우리가 너희 모두로 말미암아 항상 하나님께 감사하며 기도할 때에 너희를 기억함은."

3절에서 바울은 자신으로 하여금 하나님께 감사하지 않을 수 없게 한 데살로니가교회 성도들의 신앙생활의 특징을 소개하면서 이들을 칭찬합니다. "너희의 믿음의 역사와 사랑의 수고와 우리 주 예수 그리스도에 대한 소망의 인내를 우리 하나님 아버지 앞에서 끊임없이 기억함이니." 이 구절에서 우리는 바울서신뿐만 아니라 신약의 서신들에 빈번히 등장하는 세 개의 단어를 만납니다. 이 단어들은 우연히 사용된 것이 아니라 성도들의 신앙생활 전체를 이해하는 바울사상의 핵심을 집약한 단어들로서, 신앙생활에 대한 바울의 가르침을 이해하는데 꼭 필요한 것입니다. 그 세 단어는 '믿음의 역사, 사랑의 수고, 우리 주 예수 그리스도에 대한 소망의 인내'입니다. 우리 눈에 익숙한 세 개의 단어인 믿음, 사랑, 소망이 눈에 들어옵니다. 바울은 이 세 개의 단어를 우연히 사용하지 않았습니다. 이 단어들은 성도의 신앙생활에 대한 바울의 깊은 기도와 묵상으로부터 나온 것들로서, 바울의 가르침의 핵심을 담고 있습니다.

이 세 개의 단어는 바울서신에 반복해서 등장합니다. "믿음과 사랑의 호심경을 붙이고 구원의 소망의 투구를 쓰자"살전 5:8. "또한 그로 말미암아 우리가 믿음으로 서 있는 이 은혜에 들어감을 얻었으며...연단은 소망을 이루는 줄 앎이로다...하나님의 사랑이 우리 마음에 부은 바 됨이니"롬 5:2-5. "그런즉 믿음, 소망, 사랑 이 세 가지는 항상 있을 것인데 그 중의 제일은 사랑이라"고전 13:13. "이는 그리스도 예수 안에 너희의 믿음과 모든 성도에 대한 사랑을 들었음이요 너희를 위하여 하늘에 쌓아둔 소망으로 말미암음이니"골 1:4-5. "하나님은 불의하지 아니하사 너희 행위와 그의 이름을 위하여 나타낸 사랑으로 이미 성도를 섬긴 것과...끝까지 소망의 풍성함에 이르러 게으르지 아니하고 믿음과 오래 참음으로 말미암아 약속들을 기업으로 받는 자들을 본받는 자 되게 하려는 것이니라"히 6:10-12. "참 마음과 온전한 믿음으로 하나님께 나아가자...우리가 믿는 도리의 소망을 움직이지 말며 굳게 잡고 서로 돌아보아 사랑과 선행을 격려하며"히 10:22-24. 이 세 단어는 베드로의 서신에도 등장합니다. "너희 믿음과 소망이 하나님께 있게 하셨느니라...거짓이 없이 형제를 사랑하기에 이르렀으니 마음으로 뜨겁게 서로 사랑하라"벧전 1:21-22.

고린도전서 13장 13절과 데살로니가전서 1장 3절에 소개된 세 단어의 순서를 비교해 보면 재미있는 사실 하나가 발견됩니다. 고린도전서에서는 순서가 '믿음-소망-사랑'으로 되어 있고, 데살로니가전서에서는 '믿음-사랑-소망'이라고 되어 있습니다. 고린도전서 13

장에서는 믿음, 소망, 사랑 가운데 가장 중요한 것은 사랑이라는 점이 강조됩니다. 따라서 세 단어 가운데 사랑이 가장 나중에 등장합니다. 그런데 데살로니가전서 1장 3절에서는 믿음과 사랑이 먼저 나오고 마지막에 소망이 나오는데 가장 길게 설명되어 있습니다. 말하자면 데살로니가전서에서는 소망이 가장 중요한 덕목으로 강조되고 있는 셈입니다.

그러면 왜 바울은 한 곳에서는 사랑이 가장 중요하다고 강조해 놓고, 다른 곳에서는 소망을 가장 중요하게 다루고 있을까요? 그 이유는 청중의 상황이 각각 다르기 때문입니다. 고린도전서를 읽는 고린도교회의 가장 중요한 문제는 교회분열이었습니다. 고린도교회 교인들이 서로 싸우고 미워하고 질투해서 교회가 분열될 위험에 처해 있었습니다. 이런 상황에서 성도 간 사랑의 관계를 회복하는 것이 급선무였기 때문에 사랑이 가장 중요한 덕목으로 강조된 것입니다. 그러나 데살로니가교회는 상황이 다릅니다. 데살로니가교회에서 가장 시급하게 대두된 문제는 재림에 관한 문제였습니다. 따라서 바울은 데살로니가전서에서는 미래적인 개념인 소망을 가장 중요하게 다룹니다. '주 예수 그리스도에 대한 소망'은 다시 오실 예수 그리스도에 대한 소망입니다. 상황에 따라서 사랑이 가장 중요하게 강조되어야 할 때가 있고, 믿음이 가장 중요하게 강조되어야 할 때가 있으며, 또한 소망이 가장 중요하게 다루어져야 할 때가 있습니다.

믿음과 사랑과 소망이라는 세 단어는 두 가지 특징을 지니고 있습니다. 두 가지 특징은 모두 '신앙과 윤리' 또는 '신앙과 생활'의 긴밀한 상관성을 강조하고 있습니다.

첫 번째 특징은 세 단어 각각의 의미를 잘 살펴보면 드러납니다.

믿음은 물론 현재 하나님을 신뢰한다는 의미도 담고 있지만, 과거에 좀 더 큰 강조점이 있다고 볼 수 있습니다. 예수님이 십자가 위에서 우리가 받아야 할 형벌인 사망의 형벌을 대신 받으셨으며, 마침내는 사망 권세를 이기고 부활하셨다는 사실을 믿고, 또한 그 예수님이 성부 하나님으로부터 보내심을 받은 하나님의 아들임을 믿고 우리의 구주로 영접하면 우리는 하나님의 자녀가 됩니다. 지난날 예수님에 대한 믿음이 오늘의 나를 있게 한 것입니다.

소망은 미래지향적인 개념입니다. 빌립보서 1장 6절에 기록된 것처럼 우리 속에 착한 일을 시작하신 이가 그리스도 예수의 날_{재림의 날}까지 이루실 줄을 확신하는 것이 바로 소망이며, 주님이 반드시 다시 오실 것이며, 주님이 다시 오시는 날에 우리가 이 세상에서 겪어야 했던 모든 수고와 슬픔과 고통이 끝이 나고 영원한 안식과 희락의 때가 올 것이며, 우리의 몸이 부활하여 하나님과 더불어 영생에 참여하게 된다는 기대를 갖는 것이 소망입니다.

그러면 사랑은 무엇입니까? 사랑은 철저하게 현재적인 개념입니다. 사랑은 믿음에 의하여 이미 하나님의 자녀가 되고 장차 올 영광스러운 복락의 때를 소망하는 성도들이 현재의 생활 속에서 구현해야 할 생활원리입니다.

이처럼 '믿음-사랑-소망'이라는 세 단어는 그 안에 성도의 과거와 현재와 미래 전체가 포함된, 간단하지만 매우 많은 의미를 함축하고 있습니다. 이 세 단어 안에 신앙과 생활이 긴밀하게 통합되어 있습니다. 은혜로 하나님의 자녀가 되었고 장차 올 영광에 참여하게 되리라는 믿음과 소망을 가진 자는 현재 사랑을 실천하는 삶으로 그 믿음과 소망을 표현합니다.

두 번째 특징은 세 단어에 추가된 수식어들을 잘 살펴보면 드러납니다. 데살로니가전서는 믿음에 역사가 뒤따르고, 사랑에 수고가 뒤따르며, 소망에 인내가 뒤따른다고 말하고 있는데, 역사, 수고, 인내는 성도의 삶을 강조하는 표현입니다.

믿음의 역사라는 표현에서 역사는 행위라고도 번역될 수 있습니다. 믿음에는 행위가 자연스럽게 뒤따른다는 것입니다. 믿지 않던 자들이 예수 그리스도를 구주로 영접하고 하나님의 자녀가 될 때는 인간의 어떤 공로나 업적도 개입되지 않고 다만 값없이 주어지는 하나님의 은혜만이 작용합니다. 그러나 값없이 은혜로 하나님의 자녀가 된 후에는 거기에 상응하는 삶의 변화가 나타나는 것이 마땅하고 자연스러운 일입니다.

사랑의 수고라는 표현에서 사랑은 아가페를 뜻하는데, 아가페로서의 사랑은 인간의 행위로부터는 유례를 찾을 수 없는 개념입니다. 인간의 행동만을 살펴봐서는 아가페가 무엇인지 알 수가 없다는 것입니다. 심지어 성도들이 하나님을 향하여 보여주는 태도에서도 아가페의 사랑은 찾기가 어렵습니다. 인간에게서 찾을 수 있는 사랑은 대개 에로스라는 단어로 표현됩니다. 에로스는 두 가지 의미를 가집니다. 하나는 값어치가 있는 것을 사랑한다는 뜻입니다. 다른 하나는 소유욕입니다. 에로스로서의 사랑은 때로는 어떤 투박한 욕구로 나타날 때도 있지만, 선을 사랑하는 것과 같은 고상하고 순수한 모습으로 나타날 때도 있습니다. 돈과 여자에 빠지는 것이 에로스라면 철학과 사색을 좋아하고 소설 읽기에 탐닉하는 것도 에로스일 수 있습니다. 세상에서 우리가 볼 수 있는 사랑이란 극히 예외적인 경우를 제외하고는 에로스입니다.

성경이 말하는 아가페 사랑은 에로스가 아닙니다. 아가페 사랑이란 상대방이 값어치가 있든 없든 상관하지 않고, 심지어는 값어치가 없음에도 불구하고 사랑하는 태도를 뜻합니다. 이 사랑은 오직 하나님의 행동을 보아야만 알 수 있습니다. 하나님이 보여주신 아가페의 특징을 성경으로 확인해 보겠습니다. 로마서 5장 8절에 이런 말씀이 있습니다. "우리가 아직 죄인 되었을 때에 그리스도께서 우리를 위하여 죽으심으로 하나님께서 우리에 대한 자기의 사랑을 확증하셨느니라." 이 본문은 현실 속에 나타난 하나님의 사랑 곧, 아가페의 사례를 제시하고 있는데, 그것은 우리가 '아직 죄인 되었을 때에' 하나님이 우리를 사랑하신 것입니다. 만일 하나님이 에로스의 입장에서 사랑할 파트너를 선정한다면, 그 조건이 얼마나 까다롭겠습니까? 인간사회에서 남녀가 서로 결혼할 상대방을 선정할 때도 상대방을 많이 저울질해 보기 마련이고, 스승이 학생을 제자로 받아들일 때도 치밀하게 따져보기 마련입니다. 하물며 하나님이 조건을 따지기 시작하면 하나님의 표준에 들어맞을 사람이 아무도 없을 것입니다. 하나님의 사랑의 파트너로 선정되려면 하나님이 죄가 없는 분이시니까 파트너도 죄가 없어야 합니다. 그런데 하나님은 '죄인 된 상태에 있는 인간'을 자기의 사랑의 파트너로 선정하셨습니다. 죄인 된 상태에 있는 인간은 하나님의 눈에는 전혀 값어치가 없는 존재입니다. 우리의 의로움이란 이사야서 64장 6절이 말하고 있는 것처럼 "더러운 옷" 같아서, 우리는 하나님이 보실 때 가치 없는 존재요, 하나님의 소유욕을 일으킬 만한 존재가 아닙니다. 그럼에도 불구하고 하나님은 우리를 사랑하셨습니다. 이것이 바로 아가페입니다.

하나님의 아가페 사랑을 받은 성도들에게는 같은 사랑을 인간 관계에서 표현하기 위하여 힘써야 할 의무가 주어집니다. 이 사랑은 우리의 사랑을 받을만한 가치가 있는 사람들을 향한 것이 아닙니다. 보상을 바라면서 하는 것도 아닙니다. 나의 소유가 되기를 바라면서 하는 일이 아니기 때문에 이 일을 하는 데는 남다른 수고가 필요합니다. 따라서 바울은 이것을 "사랑의 수고"라고 말합니다.

소망에는 인내가 뒤따른다고 했습니다. 여기서 말하는 소망은 주 예수 그리스도에 대한 소망입니다. 데살로니가전서에서 특히 재림문제가 논의의 주제가 되었다는 사실을 고려해 볼 때 바울이 여기서 사용한 "주 예수 그리스도에 대한 소망"이라는 표현은 예수님의 재림에 대한 소망을 가리키는 것이 분명합니다. 소망을 가진 자는 인내합니다. 인내를 말하는 것으로 보아서 인내가 필요한 상황이 있음을 쉽게 상상할 수 있습니다. 환란과 어려움이 뒤따를 것을 예상할 수 있다는 말입니다. 인내라는 말은 수동적이고 조용한 태도로 물러나는 것을 뜻하는 것이 아니라 군인에게서 발견할 수 있는 태도를 염두에 둔 표현입니다. 군인들이 적극적이며, 강하고 담대한 마음을 가지고 훈련과 고달픈 전투를 견디어 내듯이 현실 속에서 만나는 어려움을 담대하게 이겨내는 태도가 인내에 담겨 있습니다.

성도는 믿음에 행위가 뒤따르는 자들이며, 하나님이 우리에게 보여주신 아가페의 사랑을 항상 기억하면서 인간적인 관점에서 볼 때 값어치가 없는 것처럼 보이는 상대방을 포용하고 사랑하는 수고를 하는 자들이며, 주님의 재림에 대한 소망을 마음에 품고 현실 속에서 만나는 온갖 어려운 환경들을 이겨 나가는 인내를 가진 자들입니다.

바울 일행과 주님을 본받는 성도 (1:4-8)

바울은 4절에서 데살로니가교회 성도들이 하나님의 사랑과 택하심을 입은 자들임을 상기시킨 후에 이들에 대한 소개와 칭찬을 계속 이어 갑니다. "하나님의 사랑하심을 받은 형제들아 너희를 택하심을 아노라." 데살로니가인들은 두 가지 근거에 의하여 구원받고 성도가 되었습니다. 하나는 하나님의 사랑이고, 다른 하나는 하나님의 택하심입니다. 데살로니가인들이 하나님을 사랑한 것이 아니라 하나님이 데살로니가인들을 사랑하셨기 때문에 데살로니가인들이 성도가 될 수 있었습니다. 그러므로 요한일서 4장 10절은 이렇게 말합니다. "사랑은 여기 있으니 우리가 하나님을 사랑한 것이 아니요 하나님이 우리를 사랑하사 우리 죄를 속하기 위하여 화목제물로 그 아들을 보내셨음이라." 또한 데살로니가인들이 하나님을 선택한 것이 아니라 하나님이 데살로니가인들을 선택하셨습니다. 하나님이 먼저 우리를 사랑하시고, 하나님이 우리를 선택하셨기 때문에 우리가 구원받고 하나님의 자녀가 될 수 있었다는 것 - 이것이 바울이 데살로니가에서 전한 복음의 핵심입니다.

계속되는 5-6절에서 바울이 소개하는 데살로니가교회 성도들의 아름다운 신앙생활의 모습은 그들이 바울 일행과 주님을 본받는 자가 되었다는 말로 요약될 수 있습니다.

바울은 데살로니가교회 성도들이 어떻게 바울 일행을 본받는 삶을 살았는가를 소개하기 전에 먼저 5절에서 바울 일행이 데살로니가에서 어떻게 행동했는가를 간략하게 상기시킵니다. "이는 우리 복음이 너희에게 말로만 이른 것이 아니라 또한 능력과 성령과 큰 확신으로 된 것임이라 우리가 너희 가운데서 너희를 위하여 어떤 사람이 된 것은 너희가 아는 바와 같으니라." 이 본문에서 우선 주목해야 할 구절은 "이는 우리 복음이 너희에게 말로만 이른 것이 아니라"라는 것입니다. 바울은 데살로니가교회에서 복음을 증거할 때 단순히 웅변술이나 화술이나 언변으로만 전한 것이 아니라 '능력과 성령과 큰 확신을 가지고 전했다'라고 자신 있게 말합니다. 능력, 성령, 확신은 서로 긴밀하게 연결된 단어들입니다.

바울이 말씀을 전할 때 능력이 나타났습니다. 능력이라는 단어는 하나님의 기적적인 작용을 뜻합니다. 바울이 설교할 때 귀신들렸던 자에게 명령하면 귀신이 쫓겨나갔고, 환자가 치유되었습니다.

확신이라는 단어는 하나님이 살아계신다는 것, 예수님을 구주로 영접하면 구원받는다는 것을 뜻합니다. 하나님의 살아계심을 확신한 바울이 설교할 때 청중들도 하나님의 살아계심을 확신하게 되었고, 바울이 예수님을 구주로 영접하면 구원받는다는 설교를 하면 청중들이 예수님을 구주로 영접하는 열매가 나타났습니다.

그러면 능력과 확신은 언제 나타날까요? 성령이 충만할 때 나타납니다. 어떻게 해야 성령 충만을 받을 수 있을까요? 간절한 기도를 통해서! 바울은 깊이 기도하면서 말씀을 전했습니다. 기도가 결여된 복음전도와 설교는 철학적 강론은 될 수 있어도 사람의 영혼을 변화시키고 주께로 인도하는 능력 있는 말씀으로 나타날 수는 없습니다. 간구함을 통하여 임하는 충만한 성령의 권능이 함께 할 때 전하는 말씀이 사람을 변화시킬 수가 있습니다.

그러나 바울 일행은 성령의 권능을 힘입는 준비에만 주력한 것이 아니라 데살로니가교회 성도들에게 바른 삶의 모습을 보여주기 위하여 행동에도 매우 주의했습니다. "우리가 너희 가운데서 너희를 위하여 어떤 사람이 된 것은 너희가 아는 바와 같으니라." 우리는 바울이 지혜로운 사람임을 알 수 있습니다. 바울은 처음 신앙생활을 시작하는 성도들에게, 말씀을 가르치는 자 또는 신앙생활의 경륜이 오래된 자의 살아가는 모습과 행동하는 모습이 얼마나 중요하고 결정적인 영향을 끼치는가를 잘 간파하고 있었습니다. 바울 일행은 데살로니가교회 성도들에게 자신들이 어떻게 행동했는가를 한번 생각해 보라고 자신 있게 말할 수 있을 만큼 훌륭한 삶의 모범을 보여주었습니다. 6절은 초신자의 신앙생활이 성장하는 중요한 과정을 보도하고 있습니다. "또 너희는 많은 환난 가운데서 성령의 기쁨으로 말씀을 받아 우리와 주를 본받은 자가 되었으니."

우리는 이 본문에서 "우리와 주를 본받은 자가 되었으니"라는 표현에 주목해야 합니다. 바울은 "주님과 우리를"이라고 하지 않고 "우리와 주를"이라고 표현했습니다. 이 구절을 읽을 때 뭔가 좀 이상하다는 생각이 들지 않습니까? 신자들에게는 주님이 가장 중요한 분이니까 주님이 먼저 언급되어야 하지 않겠습니까? 그런데 바울은 여기서 주님에 대한 실례를 무릅쓰고 "우리"를 앞에 둡니다. 바울의 논리는 데살로니가교회 성도들이 우리 곧, 바울 일행을 먼저 본받은 뒤에 주님을 본받았다는 것입니다. 왜 이런 표현을 했을까요? 이 순서는 간단하지만, 성도들이 성숙해 가는 과정을 정확하게 간파한 중요한 순서입니다.

처음 교회 나와서 성경도 모르고 구원의 진리도 잘 모르는 사람들의 눈에는 예수님의 모습이 잘 들어오지 않습니다. 이들은 말씀을 가르치는 자들과 먼저 신앙생활을 시작한 성도들의 행동을 보고 예수님의 모습을 간접적으로 추정합니다. 초신자들이었던 데살로니가교회 성도들도 예수님을 본받는 생활을 하기 전에 바울 일행의 행동을 보고 그들의 행동을 본받기 시작했습니다. 교회에 처음 나오는 초신자들은 먼저 교회의 지도자들이나 오랜 신앙의 경륜을 가진 자들을 따르고 본받습니다. 이들을 본받는 삶으로부터 점차 예수님을 본받는 삶으로 나아갑니다. 그러므로 올바른 순서는 "우리를 먼저 본받고 주님을 본받는 것"입니다. 주님을 먼저 본받고 우리를 본받는 것이 아닙니다.

이처럼 데살로니가교회 성도들은 모두 초신자들이었기 때문에 먼저 바울 일행이 어떻게 사는가를 보고 그대로 따른 다음 점차 바울 일행으로 그런 삶을 살게 했던 근원인 주님을 본받는 차원으로 나아갔던 것입니다. 여기에 교회의 지도자들, 또는 먼저 믿은 자들에게 주어진 사명이 있습니다. 우리가 이 세상에서 주님을 완벽하게 본받는 삶을 살 수는 없습니다. 그러나 적어도 우리는 교회에 처음 나오는 초신자가 우리를 보고 실망하여 시험에 들고 신앙을 저버리는 사태가 일어나지 않도록 주의 깊게 행동해야 하며, 그들이 주님을 사랑하고 주님을 본받는 경지에 이를 때까지 그들의 모범이 되는 역할을 성실하게 감당할 수 있어야 합니다.

이 같은 배경 안에서 우리는 고린도전서 4장 16절과 11장 1절의 권고와 에베소서 5장 1절의 권고가 차이가 나는 이유를 비로소 이해할 수 있습니다. 고린도교인들은 아직 미숙한 교인들이었기 때문에 이들을 향해서 권고할 때 바울은 '나를 본받으라'라고 강조합니다. "그러므로 내가 너희에게 권하노니 너희는 나를 본받는 자가 되라"고전 4:16. "내가 그리스도를 본받는 자 된 것 같이 너희는 나를 본받는 자가 되라"고전 11:1. 그러나 보다 성숙한 신자들이었던 에베소교회 성도들을 향해서는 '하나님을 본받는 자가 되라'라고 권고합니다. "그러므로 사랑을 받는 자녀같이 너희는 하나님을 본받는 자가 되고"엡5:1.

그러면 데살로니가교회 성도들은 바울 일행의 어떤 모습을 본받았습니까? 우선 바울 일행에게는 환란이 뒤따랐습니다. "많은 환난 가운데서"6절. 환란은 그리스도를 따르는 자들에게 정상적으로 뒤따르는 표지요, 환란이 찾아오는 것은 우리가 그리스도의 제자가 되었다는 증거입니다행 14:22; 요 16:33; 빌 1:29; 벧전 4:13. 바울 일행은 데살로니가에 들어오기 전에 빌립보에서 환란을 겪었습니다. 데살로니가에서도 환란을 겪었으며, 베뢰아에서도 환란을 겪었습니다. 그뿐만 아니라 바울의 선교 여정 전체가 환란의 여정이기도 했습니다. 그런데 데살로니가교회 성도들이 바로 이점을 깨닫고 환란 가운데 있는 것이 바로 예수님의 제자 된 표지임을 인식했던 것입니다. "그리스도께서 가시면류관을 머리에 쓰셨는데, 그를 따르는 자들이 장미의 면류관을 써야 할 이유가 어디에 있는가"라고 루터가 훗날 말한 격언을 데살로니가교회 성도들은 먼저 깨달았던 것입니다. 이들은 바울 일행이 항상 환란 가운데 있었다는 점을 기억하면서 바울이 떠난 이후에 자신들에게 찾아온 환란을 인하여 바울 일행을 원망한 것이 아니라 오히려 감사한 마음으로 그 환란 안에 있음을 기뻐한 것입니다. 이들은 환란 속에서도 기쁨을 잃지 않고 기쁨으로 말씀을 받았습니다. 바울 일행이 빌립보에서 환란을 만나 감옥에 들어가서도 감사의 찬미와 기도를 했던 것처럼, 데살로니가교회 성도들도 환란 가운데서 기쁨을 잃지 않았던 것입니다. 바울 일행이 환란을 예상하고 환란을 만나면서도 복음을 전하기를 쉬지 않았던 것처럼 데살로니가교회 교인들도 복음을 받는 일 때문에 찾아온 환란에도 아랑곳하지 않고 복음을 즐겁게 받아들였습니다.

데살로니가교회 성도들의 이 같은 삶의 모습이 마게도냐와 아가야 지방에 있는 성도들의 모델이 되었으며7절, 그들의 믿음의 소문은 "각처에" 퍼졌습니다8절. 여기서 "각처에"라는 표현은 당시 로마 세계를 염두에 둔 표현인데, 로마로 향하는 아피안 대로가 데살로니가의 중심부를 관통하여 지나가고 있었기 때문에 데살로니가의 소식은 어렵지 않게 로마에까지 전달되었을 것입니다. 그 결과 바울은 데살로니가전서를 쓰기 직전에 고린도에 온 브리스길라와 아굴라를 통하여 데살로니가교회 성도들의 소식이 로마에까지 전달되었다는 말을 들었을 가능성이 있습니다.

신앙성장의 세 단계 (1:9-10)

9절과 10절에는 데살로니가교회 성도들의 또 하나의 신앙생활 모습이 소개되고 있습니다. 세 번째 묘사가 되는 셈입니다. "그들이 우리에 대하여 스스로 말하기를 우리가 어떻게 너희 가운데에 들어 갔는지와 너희가 어떻게 우상을 버리고 하나님께로 돌아와서 살아 계시고 참되신 하나님을 섬기는지와 또 죽은 자들 가운데서 다시 살리신 그의 아들이 하늘로부터 강림하실 것을 너희가 어떻게 기다리

는지를 말하니 이는 장래의 노하심에서 우리를 건지시는 예수시니
라."

　이 본문은 원래 모두 불신자들이었던 데살로니가교회 성도들의
신앙이 세 단계를 거쳐 성장하는 과정을 묘사하고 있습니다.

　첫 번째 단계는 우상을 버리고 하나님께로 돌아오는 단계입니
다. "너희가 어떻게 우상을 버리고 하나님께로 돌아와서." 이방신을
숭배하고 있었던 데살로니가인들이 이방신을 버리고 하나님께 돌
아오는 것은 이들이 기독교인이 되었음을 알리는 중요한 표지였습
니다. 첫 번째 단계는 데살로니가교회 성도들이 우상숭배를 청산
하고 예수님을 받아들여 성도가 된 과거 사건을 말합니다.

　두 번째 단계는 살아계시고 참되신 하나님을 섬기는 단계입니
다. "살아 계시고 참되신 하나님을 섬기는지와." "섬긴다"라는 단어
는 노예가 일하는 모습을 묘사한 단어입니다. 노예처럼 일한다는 것
은 모든 인류의 삶의 방식을 묘사하는 표현입니다. 모든 인간은 주
인에게 노예처럼 복종하면서 살아갑니다. 중요한 것은 주인이 누구
인가 하는 것입니다. 인간이 노예처럼 복종해야 할 주인은 둘뿐입니
다. 하나는 사탄입니다. 불신자는 사탄이라는 주인의 노예로서 사탄
이 휘두르는 죄와 사망의 세력에 장악된 채 사탄의 명령에 굴종하여
사는 자입니다. 성도는 예수님이라는 새로운 주인의 노예로서 예수
님의 은혜와 생명의 세력에 사로잡혀 철저하게 복종하면서 사는 자
입니다. 인간이 누구의 노예도 되지 않고 자유롭게 살 수 있는 영역
은 없습니다. 우상을 버린 첫 번째 단계가 우상의 종노릇으로부터

자유하게 되었음을 뜻한다면, 하나님을 섬기는 두 번째 단계는 참된 주인을 만나서 새롭게 종이 되는 것을 뜻합니다. 주님을 믿고 죄로부터 자유함을 얻은 성도들은 이제는 주님을 위하여 순종하고 헌신하는 주의 종이 된 자들입니다. 두 번째 단계는 이들의 현재의 삶을 묘사한 것입니다.

세 번째 단계는 미래를 향한 이들의 삶을 묘사한 것입니다. 이들은 죽음을 이기고 부활하신 예수님이 다시 오실 것을 굳게 믿었고, 이 예수님이 장차 임할 하나님의 진노로부터 우리를 건져주실 것을 또한 믿었습니다. 데살로니가교회 성도들에게 있어서 가장 중요한 문제는 예수님의 재림문제였고 이 재림문제 때문에 혼란이 있었고, 이 때문에 바울이 이 서신을 쓰게 되었습니다. 그러나 바울은 재림에 대한 이들의 오해를 교정해 주기 전에 먼저 이들이 가진 재림에 대한 소망을 바람직하고 정상적인 기독교인의 표지로서 칭송하고 격려하는 것을 잊지 않습니다.

I Thessalonians

3

말씀 증거자의
바른 태도

살전 2:1-16

데살로니가교회의 모습을 소개하고 칭찬하고 격려함으로써 데
살로니가교회 성도들에 대한 예의를 갖춘 바울은 2장에서부터 본론
을 말합니다. 데살로니가전후서의 가장 비중 있고 중요한 주제는 재
림에 관련된 문제였지만, 바울 일행에 관해 떠도는 나쁜 소문에 대
하여 해명하는 것도 중요한 사안들 가운데 하나였습니다. 바울은 2
장 1절부터 12절에서 자신과 관련하여 떠도는 나쁜 소문에 대하여
해명합니다.

가감 없이 복음을 전하라 (2:1-2)

데살로니가에서 내려온 디모데에게 데살로니가교회의 소식을
전해 들은 바울은 자신의 데살로니가 사역이 결코 무위로 끝난 것이
아님을 확인할 수 있었습니다. 따라서 바울은 확신에 찬 어조로 1절

에서 이렇게 말합니다. "형제들아 우리가 너희 가운데 들어간 것이 헛되지 않은 줄을 너희가 친히 아나니." 바울은 데살로니가에 오기 전에 빌립보에서 당했던 고난을 상기시킵니다. "너희가 아는 바와 같이 우리가 먼저 빌립보에서 고난과 능욕을 당하였으나"2절상. 바울은 데살로니가교회 성도들에게 말씀을 전하면서 빌립보에서 당했던 일들을 소상하게 설명해 주었음이 분명합니다. 따라서 바울은 데살로니가교회 성도들이 빌립보에서 있었던 사건을 이미 알고 있는 것으로 전제하고 말합니다. 본문에 바울이 빌립보에서 겪었던 일들을 단지 고난이라는 단어로만 표현하지 않고 능욕이라는 강한 단어까지 동원하여 표현하고 있는 것은 빌립보에서 당한 일이 바울 일행에게 단순한 고통으로만 끝난 것이 아니라 인격적인 모욕과 치욕을 안겨준 사건이었음을 뜻합니다.

바울이 빌립보에서 겪었던 고난이 어떤 것인가는 사도행전 16장 16절부터 40절까지 소상하게 기록되어 있습니다. 바울과 실라는 빌립보에서 귀신들린 여종으로부터 귀신을 쫓아내 주었다가 귀신들린 여종을 이용하여 돈벌이하던 여종 주인의 모략 때문에 억울한 누명을 뒤집어쓰고 폭도들에게 옷이 찢기고 벗김을 당하고 매를 맞았습니다. 바울 일행은 발에 쇠사슬이 채워진 채로 감옥에 갇혔습니다. 이 과정에서 바울 일행은 심한 인격적 모욕과 수치를 느꼈음이 분명합니다. 혐의가 없다는 사실이 나중에 밝혀져서 석방될 때도 바울은 이때 받은 모욕감을 쉽게 떨쳐 버릴 수가 없었습니다. 바울은 자신과 실라가 로마 시민권자임을 밝히고 자신들이 받은 모욕에 대하여 항의한 뒤에 상관들이 직접 와서 자신들을 감옥에서 데리고 나갈 것을 요구합니다. "간수가 그 말대로 바울에게 말하되 상관들이 사람을 보내어 너희를 놓으라 하였으니 이제는 나가서 평안히 가라 하거늘 바울이 이르되 로마 사람인 우리를 죄도 정하지 아니하고 공중 앞에서 때리고 옥에 가두었다가 이제는 가만히 내보내고자 하느냐 아니라 그들이 친히 와서 우리를 데리고 나가야 하리라"^행 16:36-37. 이런 예우를 받는 것 정도로는 바울 일행이 받은 인격적인 치욕감이 상쇄될 수 없었으나, 이런 항의라도 해야 할 만큼 바울 일행이 당한 모멸감은 크고 깊었습니다.

빌립보에서 고통과 수치와 모욕을 당했던 바울 일행은 데살로니가에 들어와서는 또 "많은 싸움 중에" 있어야 했다고 2절에서 말합니다. 여기서 말하는 싸움이란 유대교인들이 바울 일행에게 내란죄를 뒤집어씌우기로 모의하고, 이 모의에 따라 깡패들을 동원하여 바울 일행을 잡으려고 소동을 일으키고, 바울 일행을 잡지 못하자 데살로니가교회 성도 가운데 하나인 야손 가족을 끌고 간 사건을 말합니다.

바울은 이 같은 어지럽고 혼탁한 분위기 속에서도 "하나님의 복음을 너희에게 전하였노라"라고 말합니다. 우리말 번역에는 간단히 "전하였다"라고만 되어 있는데, 이 번역으로는 원문의 의미가 명확히 살아나지 않습니다. 원문에는 두 개의 동사가 이어서 사용되고 있습니다. 이 두 개의 동사를 합하면 "말하는 것을 두려움 없이 자유롭게 했다"라는 의미가 됩니다. 이 말은 본문의 문맥에서는 두 가지 의미를 지닙니다.

첫째로, 이 말은 유대교인들의 집요한 방해 공작이 진행되고 있었고, 이 사실을 바울이 잘 알고 있었지만 두려워하지 않고 흔들림이 없이 데살로니가인들의 영혼을 구원하기 위해 복음을 전하는 사역을 담대하게 전개했다는 뜻입니다.

둘째로, 이 말은 청중의 반응에 상관없이 말씀을 증거했다는 뜻입니다. 바울은 복음을 전할 때 청중이 불쾌해할 만한 내용을 적당히 피해 가거나, 청중이 받아들일 만한 내용만을 골라서 전한 것이 아닙니다. 청중이 불쾌해하든 하지 않든 상관없이, 그로 인하여 어떤 불이익이 찾아오든 말든 아랑곳하지 않고, 하나님의 복음을 가감하지 않고 있는 그대로 정직하게 전했습니다. 하나님의 복음을 가감하지 않고 전하는 태도가 바울의 기본입장이었고, 2장 1절부터 12절까지 바울의 자기변호 내용에서는 이 점이 거듭거듭 강조되고 있습니다. 말씀증거자는 가감 없이, 청중의 비위에 맞추려는 의도를 갖지 않고, 하나님이 원하시고 지시하신 내용을 그대로 전해야 합니다. 청중들의 비위를 맞추기 시작하면 설교자가 자칫 거짓 선지자가 될 수 있습니다. 설교자는 하나님의 말씀을 가감 없이 전하고, 청중은 하나님의 말씀을 가감 없이 받을 때 힘 있고 건강한 교회가 될 것입니다.

아라비아 속담에 이런 말이 있습니다. "24시간 햇볕만 내리쬐면 땅은 사람이 살 수 없는 사막으로 변한다." 그렇습니다. 사람이 살

수 있는 비옥한 땅이 되려면 햇볕이 따스하게 비치는 시간도 당연히 있어야 하지만 비바람이 몰아치는 험악한 날씨도 있어야 합니다. 비바람이 몰아치는 시간은 험악해 보이지만 땅을 촉촉이 적셔 주어 유기물을 생성하고 식물이 자라날 수 있는 곳으로 변화시킵니다. 신앙생활에도 같은 원리가 적용됩니다. 칭찬과 위로의 말씀과 더불어 책망의 말씀을 함께 들어야 신앙이 바르게 성장할 수 있습니다.

많은 싸움이 벌어지는 혼란 속에서도 바울이 하나님의 말씀을 가감 없이 그리고 두려움 없이 자유롭게 전할 수 있었던 비결이 2절에 있습니다. "우리 하나님을 힘입어". 바울은 하나님을 힘입었기 때문에 두려움 없이 자유롭게 말씀을 전할 수 있었습니다. 그런데 여기서 우리는 다시 번역의 문제를 지적하지 않을 수 없습니다. 물론 "우리 하나님을 힘입는다"라는 번역이 틀린 번역은 아니지만, 이 번역은 원문의 표현을 이해하기 쉽게 설명하려는 의도로 풀어서 번역한 것인데, 사실은 원문을 문자 그대로 옮겨 놓으면 더 나았을 것입니다. 원문에는 "우리 하나님 안에서"라고 되어 있습니다. 1장 1절의 인사말을 다루면서 "안에"라는 표현에 관하여 공부했던 내용이 이 본문에도 적용됩니다. 바울은 하나님 안에 있었습니다. 바울은 평상시에는 하나님 옆에서 또는 하나님에게서 떨어져 살다가 필요할 때면 하나님께 찾아와서 능력을 부여받는 생활을 한 사람이 아니라 아예 그의 영혼과 사상과 삶 전체가 하나님의 넓은 은혜와 사랑과 능력의 품 안에 잠겨 있는 사람이었습니다.

제가 네덜란드에서 공부하고 있을 때 2킬로미터가 넘는 두께의 빙하로 덮여 있는 아이슬란드 섬에서 화산이 폭발한 일이 있었습니다. 화산이 폭발하니까 거기서 뿜어져 나오는 열과 용암으로 인하여 빙하가 녹기 시작했습니다. 두께 약 2킬로미터가 넘는 빙하의 가운데 있는 500미터 두께의 얼음이 녹아서 엄청난 힘을 지닌 거대한 강을 이루며 흐르기 시작했습니다. 이 강물이 엄청난 수량과 압력을 가지고 흐르자 시멘트와 철골로 견고하게 만들어 놓았던 다리들이 나무토막 쓰러지듯이 힘없이 무너져 버리고 말았습니다. 하나님 안에서 하나님과 함께 동류同流하는 성도들이 바로 이와 비슷한 경험을 합니다. 우주를 창조하신 하나님의 엄청난 권능과, 독생자까지도 희생하실 만큼 깊고 넓은 사랑과 은혜의 큰 강물 안에 몸을 담그고 같이 흘러가면, 웬만한 장애물들은 하나님의 권능과 은혜와 사랑의 거대한 힘의 물결에 가볍게 넘어져 버립니다.

오래전 어느 여름 대천 해수욕장에 놀러 갔습니다. 마침 해수욕장 모래사장에 어선 한 척이 올라와 있었고 어부들이 어선을 바닷물에 띄우는 작업을 하고 있었습니다. 어부들은 큰 타이어 바퀴 두 개가 달린 무거운 수레를 가지고 와서 어선 밑에 수레 한쪽 끝을 밀어넣은 뒤 지레의 원리를 이용하여 어선을 들어 올렸습니다. 어부들은 배를 수레 위에 실은 다음 가까스로 균형을 유지하면서 해안가로 끌고 갔습니다. 어선이 바닷물에 들어가자 어렵게 수레를 빼내어 모래사장으로 끌어 올리고 배가 물에 뜰 때까지 배를 두 손으로 밀어낸 다음에 배를 잡고 배에 올라 시동을 걸고 먼바다를 향해 미끄러져 나갔습니다. 작은 어선 한 척을 바닷물에 띄우는 것도 이렇게 힘든데, 만일 수백 톤, 수천 톤, 수만 톤의 무게가 나가는 큰 배 수천 척이 모래사장 위에 올라와 있을 때 이 배들을 물에 띄우는 것은 거의 불가능하겠다는 생각이 들었습니다.

그런데 이 많은 배를 쉽고 가볍게 바닷물에 띄우는 방법이 있습니다. 그 방법이 무엇일까요? 밀물을 이용하는 것입니다. 밀물이 들어오면 수천 척의 무거운 배들이 단번에 가볍게 물 위로 붕 떠 올라먼 바다를 향하여 미끄러져 나갑니다.

그렇습니다. 모래사장에 올라와 있는 배를 바닷물에 띄우는 것은 어려운 일이지만, 거대한 바다 밀물의 도움을 받으면 배를 가볍게 바닷물 위로 띄울 수 있는 것처럼, 전능하신 하나님의 은혜와 능력을 의지하면 어떤 환난과 어려움이 찾아와도 가볍게 극복하고 바른 신앙생활을 할 수 있습니다. 문제는 하나님의 이 물결, 이 넓은 품에 자신을 전폭적으로 맡기느냐 하는 것입니다.

욕심 없는 마음으로 말씀을 전하라 (2:3-6)

바울은 3-5절에서 악의에 찬 일부 비평가들이 비난하는 것처럼 자신의 말씀증거와 사역이 탐욕에서 곧, 돈을 벌려는 동기에서 비롯된 것이 아니라 오직 하나님을 기쁘시게 하려는 동기에서 이루어진 것임을 강조합니다. "우리의 권면은 간사함이나 부정에서 난 것이 아니요 속임수로 하는 것도 아니라"3절. "권면"이라는 말은 바울이 전한 설교를 뜻합니다. "간사함"은 지적인 오류를 뜻하는 말로서, 거짓말이라는 뜻입니다. 바울을 공격한 자들이 바울이 전하는 복음의 내용을 거짓말이라고 공격했던 것 같습니다. "부정"은 도덕적인 불결을 뜻합니다. 이 단어는 특히 성적인 불결과 관련하여 사용되었는데, 이 문맥에서는 마음의 불결 곧, "마음속의 동기가 깨끗하지 못하다"라는 뜻으로 사용되었다고 볼 수 있습니다. 말하자면 바울이 설교를 할 때 깨끗하지 못한 부도덕한 동기를 마음에 품고 있다는 뜻입니다. "속임수"라는 말은 미끼를 던지는 행위를 뜻합니다. 사도 바울이 그럴듯한 미끼를 던지면서 데살로니가교회 성도들의 마음을 사로잡으려고 한다는 것입니다. 우리가 하나님의 일을 하다가 이런 비난을 받게 되면 밤에 잠을 이루지 못할 만큼 힘들어 할 것입니다.

바울은 3절에서 자신들이 전한 복음이 결코 거짓말이 아니며, 그럴듯한 말로서 미끼를 던지는 야비한 짓을 하지 않았으며, 자신과 자신의 동료들이 도덕적으로 불결한 사람들이 아니라는 점을 강조한 뒤에 4절에서 자신에게 가해진 비난들을 논박합니다. "오직 하나님께 옳게 여기심을 입어 복음을 위탁 받았으니 우리가 이와 같이 말함은 사람을 기쁘게 하려 함이 아니요 오직 우리 마음을 감찰하시는 하나님을 기쁘시게 하려 함이라."

바울은 먼저 자신들이 도덕적으로 깨끗하지 못하다는 비난에 대하여 "하나님께 옳게 여기심을 입었다"라고 답변합니다. 바울은 대적들의 비난에 대해서 어떤 사람들의 평판이나 말을 인용하면서

"너희는 나에 대하여 이렇게 말하지만, 다른 사람들은 나에 대하여 다르게 말한다"라고 대응한 것이 아니라 하나님께서 자신을 시험해 본 후에 복음을 전하는 자로서 합당하다고 인정해 주셨다는 말로써 대응합니다. 인간의 공격에 대해서 인간을 의지하여 대응한 것이 아니라 인간의 공격에 대하여 하나님을 의지하면서 가볍게 응수하고 있는 것입니다.

바울이 선택한 전략을 이해하기 위하여 예를 들어 보겠습니다. 비행기가 대공포화가 빗발치는 하늘을 안전하게 통과할 수 있는 가장 좋은 방법이 무엇일까요? 대공포의 사정거리 안에서 대공포화를 피하여 하늘을 나는 것은 매우 위험합니다. 아예 대공포화가 미치지 못하는 높은 하늘로 날아가는 것이 가장 좋은 방법입니다. 그 무시무시한 대공포화도 대공포가 미치지 못하는 높은 하늘을 날면서 바라보면 재미있는 불꽃놀이가 됩니다. 이처럼 사람이 가해오는 비방에 대하여 사람이 들려주는 칭찬에 의지하여 비방을 이겨내려고 하는 것은 대공포화가 난무하는 하늘 공간을 요리조리 피해 가며 날아가려는 시도로서 매우 피곤하고 힘들고 실패할 위험이 큽니다. 아예 사람들의 비방을 별 것 아닌 것으로 무시해 버리고 하나님의 평가라는 높은 하늘로 올라가서 날아갈 때 사람들의 비방을 불꽃놀이처럼 바라보며 여유롭고 안전하게 이길 수 있습니다.

다음으로 바울은 자신들이 전하는 설교가 '거짓말'이라는 비난에 대해서도 역시 "너희는 이렇게 비난하지만 다른 사람들은 저렇게 말하더라"라고 대응하지 않고 다시 하나님을 의지합니다. 바울은 자신과 동료들이 전하는 내용은 '하나님으로부터 전하도록 부탁받은 것'이라고 답변합니다. 이 말은 자신들이 전하는 내용이 거짓말이 될 수 없음을 밝히는 동시에 자신들이 전하는 그 내용을 거부하면 하나님을 거부하는 행위가 된다는 간접적인 경고를 발하는 것입니다.

바울은 또한 사람의 마음을 사로잡기 위하여 미끼를 던진다는 비난에 대하여도 역시 하나님을 의지하여 대답합니다. 바울은 자신과 동료들이 말씀을 전하는 것은 사람의 마음을 사로잡기 위해서가 아니라 '마음을 감찰하시는 하나님을 기쁘시게 해드리기 위하여' 하는 일임을 분명히 밝힙니다. 바울의 이 말은 간단한 말 같지만, 사실은 그렇게 간단하고 쉽게 할 수 있는 말이 아닙니다. 먼저 바울은 자신이 기쁘시게 해드리려고 애쓰는 하나님이 "마음을 감찰하시는 하나님"이라고 서술합니다. 여기서 바울이 말하는 마음kardia이라는 표현은 우리가 생각하는 개념과는 다릅니다. 우리가 마음이라고 할 때는 주로 정서적인 차원을 머리에 떠올리는데, 사실상 바울 당시에는 마음이 복부에 위치하고 있는 것으로 이해되었습니다. 본문이 말하는 마음은 매우 폭이 넓은 단어로서, 인간의 내면생활 전체를 가리킵니다. 바울은 하나님이 인간의 내면생활 전체를 살피시는 분임을 알고 있습니다. 외부로 노출되는 우리의 삶뿐만 아니라 외부에 드러나지 않는 우리의 내면생활 전체가 하나님의 눈앞에 드러나 있고 하나님의 평가 대상이 됩니다. 바울은 자신의 내면생활을 살피시는 하나님 앞에서 바른 마음의 동기를 가지고 말씀을 전했고 사역을 수행했습니다.

바울이 사람의 마음을 사로잡으려고 미끼를 던지는 일을 잘한다는 비난을 받게 된 이유는 바울이 청중의 사정에 맞추어서 자신의 태도를 적절히 조절하는 역할을 잘 해냈기 때문입니다. 청중이 유대인 출신인 경우와 청중이 이방인 출신인 경우에 바울의 설교 방식이 달랐습니다. 로마서를 보면 바울은 동일한 복음을 설명하면서도 이방인을 대상으로 설교한 3-8장의 서술 방식과 유대인을 대상으로 설교한 9-11장의 서술 방식을 달리하고 있음을 볼 수 있습니다. 자신의 사도권에 대하여 의심하는 교회에 서신을 보낼 때는 자신이 사도라는 사실을 서신 첫머리에서부터 강조하던 바울이, 노예였던 오네시모 건으로 부탁해야 할 때, 그리고 오네시모를 통해 서신을 전달해야 할 때는 오네시모의 입장을 고려해서 자신을 사도라고 표현하지 않고 주를 위하여 "갇힌 자"라고 표현함으로써 상대방의 상황을 세심하게 고려하는 모습을 보여주었습니다. 그러나 바울이 이런 시도를 한 이유는 청중을 자기 사람으로 만들어서 그들을 자기의 이익을 위하여 이용해 보려고 행한 것이 아니고, 청중들에게 어떻게 해서든지 복음을 쉽게 이해시켜서 구원의 길로 인도하기 위한 것이었습니다. 바울은 자신의 의도를 고린도전서 10장 33절에서 이렇게 밝힙니다. "나와 같이 모든 일에 모든 사람을 기쁘게 하여 자신의 유익을 구하지 아니하고 많은 사람의 유익을 구하여 그들로 구원을 받게 하라."

그러나 바울이 이처럼 청중들의 상황에 맞추어서 표현했다 하더라도 바울이 전한 내용은 자신들에 대한 자랑이 아니라 예수님이 주님이시며, 자신은 예수님의 종이 되었다는 것이었습니다. "우리는 우리를 전파하는 것이 아니라 오직 그리스도 예수의 주 되신 것과 또 예수를 위하여 우리가 너희의 종 된 것을 전파함이라"고후 4:5. 하나님의 넓은 권능과 은혜와 사랑의 품 안에 있었던 바울은 자기가 가진 지혜와 계략을 억지로 짜내서 대응한 것이 아니라 하나님이라는 더 크고 믿을만하고 지혜로운 분에 의지하여 대응하고 있는 것입니다. 그만큼 바울의 신앙은 하나님의 품 안에 푹 잠겨 있었습니다.

바울은 5절에서 하나님을 기쁘시게 하려는 동기를 가지고 말씀을 전했다는 말을 좀 더 구체적으로 부연하여 설명합니다. "너희도 알거니와 우리가 아무 때에도 아첨하는 말이나 탐심의 탈을 쓰지 아니한 것을 하나님이 증언하시느니라." 바울은 자신들이 청중의 상황을 세심하게 배려하면서 복음을 전한 것은 사실이지만, 그렇다고 해서 청중들에게 아첨한 일은 없었다는 점을 분명히 합니다. 또한 청중들을 이용하여 돈을 벌려는 의도를 결코 가지지 않았음도 분명히 합니다. 바울 일행은 데살로니가교회 성도들로부터 명예와 칭송을 구할 수도 있었습니다. 그러나 바울 일행은 그들로부터 명예를 구하지도 않았습니다. "또한 우리는 너희에게서든지 다른 이에게서든지 사람에게서는 영광을 구하지 아니하였노라"6절.

유순한 자와 유모같이 (2:7-8)

바울은 7절부터 8절까지 자신이 얼마나 따뜻한 애정과 관심을 가지고 데살로니가교회 성도들을 돌보았는가를 상기시킵니다. 7절 상반절에서 바울은 자신이 데살로니가교회 성도들에게 "마땅한 권위를 주장할 수 있으나"라고 말합니다. "마땅한 권위를 주장한다"라는 말은 매우 포괄적인 표현으로서 이 문맥에서는 "경제적 도움을 요청한다"라는 말을 우회적으로 표현한 것입니다. 바울은 자신이 데살로니가교회 성도들에게 재정지원을 요청할 권리가 있음을 말합니다. 바울은 자신이 데살로니가교회 성도들에게 경제적 도움을 받아서 사역한다고 하더라도 결코 잘못된 일이 아님을 분명히 합니다. 왜냐하면 예수님이 말씀하신 것처럼 일꾼이 그 삯을 얻는 것은 마땅한 일이기 때문입니다. 그러나 바울은 데살로니가에 있을 때 그렇게 하지 않았습니다. 바울은 데살로니가에서 사역하면서 스스로 일하여 바울 자신뿐만 아니라 일행의 생계비를 충당하면서 사역했습니다. 7절 상반절에서 운을 뗀 사례비에 관련된 문제는 9절에서 본격적으로 다루어집니다.

바울은 7절 하반절부터 8절까지 데살로니가교회 성도들을 향한 자신의 따뜻한 관심과 사랑을 어떻게 표현했는가를 말합니다. 7절 하반절을 읽어 봅시다. "도리어 너희 가운데서 유순한 자가 되어 유모가 자기 자녀를 기름과 같이 하였으니." 바울은 데살로니가에 있을 때의 자기 자신 그리고 일행의 모습을 두 가지 비유를 사용하여 묘사합니다. 이 두 가지 비유를 살피기 전에 먼저 "너희 가운데서"라는 표현이 우리의 주목을 끕니다. 여기에서도 원문에서는 "안에"라는 표현이 다시 사용되고 있습니다. "너희 가운데 안에서." 하나님 안에 넉넉하게 잠겨 있었던 바울은 데살로니가 성도들 안에도 넉넉히 잠길 줄 아는 사역자였습니다. 바울은 데살로니가교회 성도들 위에 군림하지 않았습니다. 동시에 데살로니가교회 성도들 옆에서 방관하는 자로 있지도 않았습니다. 바울은 데살로니가교회 성도들 '가운데 그리고 안에' 섞여서 그들과 함께 고락을 같이했습니다.

바울이 사용한 두 개의 비유 가운데 하나는 "유순한 자"입니다. "유순한 자"란 "어린아이"를 뜻합니다. 바울은 자신이 하나님의 사도로 부르심을 받았음을 내세우면서 데살로니가교회 성도들 위에 군림하며 존경심을 강요하지 않았습니다. 바울 일행은 데살로니가교회 성도들 사이에서 생활할 때 어린아이가 되었습니다. 왜냐하면 데살로니가교회 성도들은 믿음의 연륜에서 보면 모두 어린아이 같은 자들이었기 때문입니다. 유대인들에게는 유대인처럼 행동했고, 헬라인들 사이에서는 헬라인처럼 행동했던 바울은 어린아이 같은 믿음의 소유자들이었던 데살로니가교회 성도들 사이에서는 자신을 어린아이처럼 낮출 줄 알았습니다. 어린아이가 거짓이 없는 단순한 마음으로 생각하고 행동하는 것처럼 바울은 데살로니가교회 성도들 사이에서 사역할 때 단순하고 거짓 없는 마음과 태도로 사역에 임했습니다. 바울은 자기 자신을 어린아이처럼 낮추었기 때문에 하나님의 나라를 바르게 보고 가르칠 수 있었습니다. 이와 같은 바울의 사역 태도에는 예수님의 가르침이 반영되어 있었습니다. "이르시되 진실로 너희에게 이르노니 너희가 돌이켜 어린아이들과 같이 되지 아니하면 결단코 천국에 들어가지 못하리라 그러므로 누구든지 이 어린아이와 같이 자기를 낮추는 사람이 천국에서 큰 자니라"마 18:3-4.

다른 하나의 비유는 "유모"입니다. 유모는 어린아이에게 젖을 먹이는 여인을 가리킵니다. 바울은 어린아이처럼 약한 믿음을 가진 데살로니가교회 성도들 가운데서 어린아이같이 낮아지는 태도로만 일관하지는 않았습니다. 다른 한편으로 바울은 젖을 먹이는 어머니처럼 따뜻한 관심과 사랑을 가지고 이들의 믿음을 키우기 위하여 말씀의 젖을 먹이는 일에 심혈을 기울였습니다. 바울은 겸손하게 낮아지는 가운데서도 말씀을 가르치는 지도자의 역할을 충실히 감당했던 것입니다. 교회의 지도자는 이 두 가지 태도를 동시에 갖추어야 합니다. 지도자는 한편으로는 성도들 사이에서 어린아이처럼 겸손하게 낮아질 수 있어야 합니다. 그러나 겸손하게 낮아져서 아예 성도들과 똑같이 되면 안 됩니다. 지도자는 낮아진 태도로 성도들에게 말씀을 부지런히 가르쳐서 성도들을 젖을 먹는 어린아이의 상태로부터 굳은 음식까지도 소화시킬 수 있는 성인의 자리로 끌어 올릴 수 있어야 합니다. 따라서 지도자는 믿음에 있어서나 신앙생활에 있어서나 말씀을 깨닫는 차원에 있어서나 성도들보다 한 차원 높은 단계에 있어야 합니다. 젖을 먹이는 유모의 입장은 어린아이의 입장과 동일한 입장이 아닙니다.

8절에서 바울은 데살로니가교회 성도들을 향한 자신의 사랑은 따뜻하고, 깊은 감성과 굳은 의지를 갖고 행하는 결연한 사랑임을 강조합니다. "우리가 이같이 너희를 사모하여 하나님의 복음뿐 아니라 우리의 목숨까지도 너희에게 주기를 기뻐함은 너희가 우리의 사랑하는 자 됨이라." 바울 일행이 데살로니가교회 성도들을 위하여 목숨까지 버릴 각오가 되어 있는 것도 사실입니다. 본문에 사용된 헬라어 프쉬케는 목숨으로 번역되어도 무방합니다. 그러나 이 문맥에서는 목숨이라는 강한 표현보다는 '감성과 의지가 배제되지 않은 전인적인 마음' 정도로 이해하는 것이 무난할 것 같습니다. 본문이 말하고자 하는 것은 바울 일행은 마음이 실리지 않은 복음을 전한 것이 아니라 따뜻한 감성과 의지를 담아서 복음을 전했다는 것입니다. 바울은 당시 유행하던 순회설교자들처럼 단지 호기심을 일으키는 지식만을 전하고 만족한 것이 아니라 복음으로 인하여 따뜻해진 자신들의 감성과 아울러 복음의 명령을 지키고자 하는 결연한 의지까지도 아울러 전했습니다. 바울 일행이 전하는 복음은 자신들의 마음과 삶 속에 녹아지고 내면화되고 생활화된 복음이었습니다. 따라서 바울 일행은 복음을 전하면서 그 복음에 의하여 자신들도 변화되고 넉넉해지고 따뜻해졌으며, 그 결과 변화된 자신들의 생각과 삶의 모습도 함께 전했던 것입니다. 그렇습니다. 전달되는 복음이 전도자의 삶 속에 내면화되고 생활화되어 있어야 듣는 자들을 감동시킬 수가 있습니다.

일하면서 복음을 전함 (2:9-10)

데살로니가교회 성도들을 향한 자신의 애정과 관심을 충분히 표현함으로써 그들이 조금 어려운 권고를 들을 마음의 준비가 되었다고 판단한 바울은 6절 상반절에서 암시했던 문제를 9절에서 드러내어 말합니다. "형제들아 우리의 수고와 애쓴 것을 너희가 기억하리니 너희 아무에게도 폐를 끼치지 아니하려고 밤낮으로 일하면서 너희에게 하나님의 복음을 전하였노라." 서론에서도 이미 지적한 것처럼 데살로니가에 있던 유대교인들을 중심으로 한 바울의 적대자들은 바울 일행을 당시 마게도냐 지방에서 활동하던 방랑설교자들에게 비유하면서 바울 일행을 비난했습니다. 방랑설교자들이 기발한 철학적 교리나 종교적 교리를 가르쳐 준 대가로 돈을 받아서 먹고살았던 것처럼 바울 일행도 같은 행동을 한다는 것입니다. 지혜로운 바울은 자칫하면 자신의 사역이 방랑설교자들의 행동과 비슷한 것으로 오인될 수 있는 위험이 있음을 인식하고, 그런 오해가 있으면 아직 신앙이 어린 데살로니가교회 성도들에게 시험거리가 될 수 있다는 점까지도 고려해서 데살로니가에서 스스로 일하여 생계비를 충당하면서 사역하는 태도를 줄곧 견지해 왔던 것입니다.

아마도 바울이 한 일은 장막을 만드는 일이었음이 분명합니다.

장막 만드는 기술은 바울이 유대교인이었을 때 랍비학교에서 훈련 받았을 것입니다. 랍비학교에서는 가르침을 베푼 대가로 돈을 요구하는 것을 금기시했고, 따라서 학생들에게 생업을 스스로 해결할 수 있는 특별한 기술을 가르쳤습니다. 바울은 데살로니가에서 자신이 한 일의 성격을 "수고와 애쓴 것"이라고 표현하고 있습니다. "수고"는 심신을 지치게 하는 힘든 작업을 말하고, "애쓴 것"은 어려움을 극복하는 것을 말합니다. 바울의 작업은 심신을 지치게 하고 어려움을 극복해야 하는 힘든 일이었음이 분명합니다. 바울은 자신이 밤낮으로 일을 해야 했다고 토로합니다. 바울은 한편으로는 힘겨운 노동을 해 가면서 데살로니가교회 성도들에게 복음을 전하는 수고를 감당한 것입니다.

빌립보서 4장 15-16절을 읽어 보면 바울이 데살로니가에서 사역하는 동안 빌립보교인들이 경제적 도움을 준 것으로 되어 있습니다. "빌립보 사람들아 너희도 알거니와 복음의 시초에 내가 마게도냐를 떠날 때에 주고받는 내 일에 참여한 교회가 너희 외에 아무도 없었느니라 데살로니가에 있을 때에도 너희가 한 번뿐 아니라 두 번이나 나의 쓸 것을 보내었도다." 어떤 학자들은 빌립보교회가 경제적인 도움을 제공했는데 구태여 바울이 일할 필요가 있었느냐는 의문을 제기하기도 합니다. 그러나 빌립보교회가 제공한 한두 차례의 경제적 도움이 바울 일행에게 약간의 격려가 되었을 수는 있어도 바울 일행의 생계 문제를 해결하기에는 역부족이었음이 분명합니다. 바울은 자신과 일행이 방랑설교자와 같은 행동을 했다는 비난을 일축한 뒤에 10절에서 데살로니가 성도들과의 관계에서 깨끗하고 흠 없는 사역자로 행동했다고 결론 내립니다. "우리가 너희 믿는 자들을 향하여 어떻게 거룩하고 옳고 흠 없이 행하였는지에 대하여 너희가 증인이요 하나님도 그러하시도다."

아버지와 같이 (2:11)

데살로니가교회 성도들로부터 돈을 챙기려고 한다는 대적들의 악의에 찬 비난에 충분히 대응했다고 판단한 바울은 자신들이 어떤 태도로 데살로니가교회 성도들을 가르쳤으며, 무엇을 가르쳤는지를 11절과 12절에서 상기시킨 뒤에 이 단락을 마무리하고 새로운 단락으로 넘어갑니다. "너희도 아는 바와 같이 우리가 너희 각 사람에게 아버지가 자기 자녀에게 하듯 권면하고 위로하고 경계하노니 이는 너희를 부르사 자기 나라와 영광에 이르게 하시는 하나님께 합당히 행하게 하려 함이라." 7절에서 자신과 일행의 사역 태도를 어린아이와 유모에 비유했던 바울은 11절에서는 아버지의 역할을 예로 들면서 자신들의 사역 태도를 설명합니다. "아버지가 자기 자녀에게 하듯 권면하고 위로하고 경계하노니."

아버지의 역할이나 젖을 먹이는 유모의 역할이나 모두 자식을 향한 따뜻한 애정에서 시작된다는 점에서는 공통점이 있습니다. 그러나 젖을 먹이는 유모의 역할이 자식을 따뜻하게 감싸는 역할이라면, 아버지의 역할은 자식을 그저 감싸기만 하지는 않습니다. 아버지는 자식을 향한 애정을 때로는 엄격한 책망으로 표현할 때도 있습니다. 따라서 바울이 아버지의 역할에 사역을 비유할 때는 특히 "경계한다"라는 표현이 첨가되어 있습니다. 바울은 데살로니가교회 성도들을 그저 따뜻하게 감싸고 위로하기만 한 것이 아니라 때로는 경계하고 책망하는 것도 주저하지 않았습니다. 바울의 태도는 2장 1-2절이 말하는 주제인 "가감 없이 복음을 전하는 것"의 연장선 위에 있습니다. 바울은 성도들에게 필요하다고 생각될 때는 경계하고 책망하는 것도 주저하지 않았습니다. 물론 그렇게 하는 마음의 동기는 성도들을 향한 따뜻한 애정이었습니다.

높은 수준의 가르침 (2:12)

12절은 책망까지도 불사하면서 바울이 훈계한 내용이 '하나님께 합당히 행하는' 삶을 살도록 권고하는 것이었음을 보여줍니다. "이는 너희를 부르사 자기 나라와 영광에 이르게 하시는 하나님께 합당히 행하게 하려 함이라." 12절의 핵심 단어는 "하나님 앞에서 행한다"라는 것입니다. 이 말은 아주 높은 수준의 삶을 가르치는 것을 뜻합니다. 바울은 데살로니가교회 성도들에게 하나님의 눈높이에 맞고, 하나님이 요구하시는 높은 차원의 가르침을 베푸는 것을 주저하지 않았습니다.

하나님 앞에서 합당히 행하는 삶은 쉽게 실천할 수 있는 삶이 아니며, 우리 성도들의 삶의 여정에서 항상 목표로만 남고 완전한 실천이 불가능한 삶인지도 모릅니다. 그러나 이 삶의 모습이 실천하기 어렵다고 적당히 수준을 낮추어서 가르치고, 그 가르침을 다 지켰다고 말하면서 자족해서는 안 됩니다. 우리는 하나님이 요구하시는 삶의 차원이 높다고 하더라도 항상 그것을 새롭게 들어야 합니다. 그리고 항상 그 높은 표준에 현재의 나의 삶을 비추어 보면서 그 목표를 향하여 끊임없이 나아가야 합니다. 그것이 성도의 삶의 여정입니다. 그러므로 바울은 빌립보서 3장 12-14절에서 이렇게 말합니다. "내가 이미 얻었다 함도 아니요 온전히 이루었다 함도 아니라 오직 내가 그리스도 예수께 잡힌 바 된 그것을 잡으려고 달려가노라 형제들아 나는 아직 내가 잡은 줄로 여기지 아니하고 오직 한 일 즉 뒤에 있는 것은 잊어버리고 앞에 있는 것을 잡으려고 푯대를 향하여 그리스도 예수 안에서 하나님이 위에서 부르신 부름의 상을 위하여 달려가노라." 이 본문은 하나님이 요구하시는 높은 수준의 삶의 목표를 "푯대"라는 말로 묘사하고 있습니다. 성도들의 삶은 하나님이 주신 목표를 이미 이루었다고 자족하는 삶이 아니라 항상 그 목표를 잡으려고 달려가는 삶이요, 자기가 조금 이루었다고 생각되는 것들은 잊어버리고, 현재 내가 아직 그 푯대를 잡지 못했음을 생각하면서 푯대를 향하여 날마다 새롭게 나아가는 삶입니다.

　현재 나의 삶의 모습을 푯대 곧, 하나님이 주신 높은 삶의 표준에 비추어 평가할 때 우리는 두 가지 결론에 이르게 됩니다. 하나는 성도들이 살아온 과거의 삶에 대한 평가입니다. 하나님이 주신 높은 표준이 없을 때는 지나온 날들 동안 내가 이룩한 삶의 업적이 대단한 것 같았는데, 하나님이 주신 표준에 비교해 보니까 보잘것없음이 드러납니다. 자신이 여전히 죄인이라는 사실을 깨닫게 되고 회개하지 않을 수 없으며 그러므로 겸손해집니다.

　한 부자 청년이 예수님 앞에 나와서 자신 있는 태도로 "내가 무엇을 하여야 영생을 얻으리이까"라고 물었습니다막 10:17-22. 이 질문을 할 때 부자 청년의 마음속에는 영생을 얻는데 필요한 선행의 99% 정도는 이미 행했으니, 이제 선행의 업적을 마무리할 나머지 1%만 알면 100%를 채울 수 있겠다는 경쾌함이 있었습니다. 부자 청년의 자신감과 경쾌함은 '계명을 지키라'라는 예수님의 권고에 대하여 "내가 어려서부터 다 지켰나이다"라는 답변에 잘 나타나 있습니다. 이 답변을 들으신 예수님이 이 부자 청년이 듣기를 원하던 "한 가지 부족한 것" 곧, '나머지 1%'를 일러주십니다. "네게 아직도 한 가지 부족한 것이 있으니 가서 네게 있는 것을 다 팔아 가난한 자들에게 주라 그리하면 하늘에서 보화가 네게 있으리라"막 10:21. 이 말씀을 듣는 순간 이 부자 청년은 머리를 철퇴로 얻어맞은 듯한 충격을 받습니다. 예수님이 하신 말씀은 자신이 도저히 양보할 수 없는 부분을 양보할 것을 요구하신 것이요, 은밀하게 마음속에 숨어 있던 재물에 집착하는 마음을 드러내신 것이요, 자신이 99%를 이루었다고 자신했던 업적은 사실 1%에도 이를 수 없는 것이었음을 깨닫게 하신 순간이었기 때문입니다. 결국 이 부자 청년은 이 위기를 견디지 못한 채 물러가고 맙니다.

A와 B가 사다리를 올라가고 있습니다. A가 준비한 사다리는 계단이 100개짜리 사다리입니다. B는 1000개짜리 사다리입니다. A와 B가 모두 나란히 100개의 사다리 계단을 올랐습니다. A는 100개의 계단을 오른 뒤에 자신 있게 이렇게 외칩니다. "나는 정상에 올랐다! 나는 목표를 다 이루었다!" B는 100개의 계단을 오른 후에 이렇게 말합니다. "나는 겨우 100개밖에 오르지 못했구나. 앞으로 900개나 남아 있네!"

사람이 제시한 표준은 100개입니다. 하나님을 믿지 않는 사람들은 100의 선을 행한 다음에 자기가 세워 놓은 100개의 표준에 비추어 보고 "완전한 삶을 살았다"라고 자평합니다. 그리고는 더 이상 나아가지 않습니다. 그러나 하나님이 제시한 표준은 1000개입니다. 성도들은 불신자들보다 훨씬 더 많은 200 정도의 선을 행한 다음에 하나님이 주신 1000개의 표준에 비추어 보고 "나는 죄인입니다"라고 고백합니다. 그리고 결심을 새롭게 하고 1000개를 향하여 다시 나아갑니다.

성도들은 하나님의 말씀의 푯대 앞에 설 때마다 200의 선을 행한 후에도 "죄인이라고 고백하는 위기" 앞에 설 수 있어야 합니다. 성도들을 이 위기 앞에 세우는 것이 측은하여 하나님의 말씀의 높은 요구를 격하시키는 지도자는 훌륭한 지도자가 아닙니다.

하나님이 제시한 아주 높은 표준은 성도들의 신앙생활에서 또 하나의 중요한 역할을 합니다. 그것은 성도들의 미래를 향한 것입니다. 미래에 전개될 삶을 생각할 때 이 높은 표준은 성도들이 추구해야 할 삶의 목표가 무엇인가를 제시해 주는 지침으로 작용합니다. 그 표준만 따라가면 결코 길을 잃지 않는다는 것입니다.

범선으로 항해하던 시절, 밤바다를 항해하는 항해자들에게 북극성은 매우 중요한 지침이 되었습니다. 북쪽으로 항해하는 항해자의 경우에 북극성만 바라보고 가면 길을 잃지 않습니다. 북극성에 도달할 수는 없지만 항해가 끝날 때까지 북극성은 항해를 안전하고 바른길로 안내하는 지침으로 작용합니다. 하나님의 율법이 성도들의 미래의 삶에 대하여 비슷한 역할을 합니다. 하나님이 주시는 삶의 표준에 100% 합당하게 살 수는 없지만 그럼에도 불구하고 이 표준을 항상 바라볼 때 성도의 삶의 항해가 길을 잃지 않고 바른 방향으로 나아갈 수 있습니다. 북극성이 도달하기 불가능한 별이라고 하여 북극성을 표준으로 삼기를 포기하고 같은 방향으로 항해하는 배의 불빛이나 다른 별을 보고 따라간다면 어떻게 되겠습니까? 그 배는 틀림없이 잘못된 길로 들어서서 길을 잃고 말 것입니다.

하나님의 말씀의 표준이 너무 높다는 이유로 적당히 표준을 낮추어서 가르치는 인간의 말을 따라가다 보면, 처음에는 길을 잘 가는 것 같은데, 어느 시점부터 도대체 종잡을 수 없는 혼란 속으로 빠져들어 가게 됩니다. 이 길은 쉬운 것 같지만 실상은 멸망으로 향하는 길입니다. 우리는 잠언 14장 12절 말씀을 기억해야 합니다. "어떤 길은 사람이 보기에 바르나 필경은 사망의 길이니라." 그러므로 하나님의 높은 수준의 말씀을 듣는 것이 매우 중요합니다. 높은 표준을 담고 있는 하나님의 말씀 앞에서 과거의 행위를 반성할 때 우리의 참모습을 정확하게 알 수 있고, 그 말씀 앞에서 미래의 삶을 설계할 때 바르고 안전한 길로 나아갈 수가 있습니다.

복음을 하나님의 말씀으로 (2:13)

바울은 이미 1장 2-10절에서 자신으로 하여금 하나님께 감사하게 만들었던 데살로니가교회 성도들의 아름다운 신앙생활의 모습을 소개한 바 있습니다. 서신을 써 내려가던 도중 또 하나의 감사할 제목이 마음속에 떠오른 바울은 본론에 대한 서술을 잠시 멈추고 그 주제를 다룹니다. 하나의 제목은 13절에 있고, 다른 하나의 제목은 14-16절에 있습니다. 먼저 13절을 봅시다. "이러므로 우리가 하나님께 끊임없이 감사함은 너희가 우리에게 들은 바 하나님의 말씀을 받을 때에 사람의 말로 받지 아니하고 하나님의 말씀으로 받음이니 진실로 그러하도다 이 말씀이 또한 너희 믿는 자 가운데에서 역사하느니라." 바울이 말씀을 전할 때 바울의 적대자들인 유대교의 지도자들은 바울의 말이 하나님의 말씀이 아니라 바울 자신이 고안한 인간의 말에 불과하다고 비난했습니다. 그러나 데살로니가교회 성도들은 흔들림 없이 바울 일행이 전하는 복음을 인간의 말이 아닌 "하나님의 말씀으로" 받아들였습니다. 바울은 자신에 대한 많은 모략이 있었음에도 불구하고 흔들리지 않는 태도로 자신이 전하는 복음을 하나님의 말씀으로 받아들여 준 데살로니가교회 성도들이 진심으로 고마웠고 대견했습니다.

바울이 전하는 복음을 하나님의 말씀으로 받아들인 데살로니가 교회 성도들은 하나님의 말씀에 뒤따르는 능력을 체험할 수 있었습니다. 이 사실은 "너희 믿는 자 가운데에서 역사하느니라"라는 구절에 잘 나타나 있습니다. 본문에 사용된 '역사한다'라는 단어는 초자연적인 능력이 나타나는 것을 묘사할 때 사용된 단어입니다. 이 단어는 하나님의 능력이 나타나는 것을 가리키거나 고전 12:6; 빌 2:13 사탄의 능력이 나타나는 것을 가리킵니다 엡 2:2. 바울이 전한 복음은 단순한 철학 강론이 아니라 영혼을 살려내고 거듭나게 하며 무시무시한 하나님의 권능이 뒤따른 살아있는 하나님의 말씀이었습니다.

말씀에 뒤따르는 고난을 견뎌냄 (2:14-16)

데살로니가교회 성도들이 바울 일행이 전한 복음을 하나님의 말씀으로 받아들였다는 말은 바울을 비방한 자들로부터 괴롭힘을 당할 각오를 했다는 것을 뜻합니다. 실제로 데살로니가교회 성도들은 바울의 편에 섰다는 이유로 바울에게 향했어야 할 어려움을 대신 받아야 했습니다. 사도행전 17장에 기록된 것처럼 야손 가족이 관가에 끌려가서 수모를 당한 것이 좋은 예입니다. 바울은 14절에서 이렇게 말합니다. "형제들아 너희가 그리스도 예수 안에서 유대에 있는 하나님의 교회들을 본받은 자 되었으니 그들이 유대인들에게 고난을 받음과 같이 너희도 너희 동족에게서 동일한 고난을 받았느니라." 바울은 데살로니가교회가 받은 고난을 유대 지방에 있는 교회들이 받은 고난에 비유합니다. 바울은 유대 지방에 있는 교회들이 동족인 유대인들로부터 고난을 받았음을 상기시키면서, 데살로니가교회 성도들도 자기 동족으로부터 고난을 받음으로써 유대 지방의 교회들을 본받는 길을 걸었다고 말합니다.

데살로니가교회 교인들은 개종한 이방인들로 구성된 교회입니다. 데살로니가교회에서 난동을 주도한 사람들은 유대교인들이지만, 난동을 주도한 유대교인들이 행동대원으로 동원한 "저자의 어떤 불량한 사람들"은 데살로니가교회 성도들과 같은 동족인 이방인들입니다. 유대교인들의 선동을 받아 바울 일행을 괴롭히려고 달려든 자들도 또한 동족인 이방인들이었습니다. 그러므로 데살로니가교회의 핍박은 유대교인들이 배후 조종을 하고 이방인들이 행동대원들로 나서서 활동하는 모양이 되었습니다. 이런 이유로 바울은 데살로니가교회 성도들이 "동족들로부터 고난을 받았다"라고 말하고 있는 것입니다.

데살로니가교회 성도들이 받는 고난을 유대 지방에 있는 교회들이 받는 고난에 비유하던 바울에게는 유대인들이 집요하게 하나님의 교회를 핍박해온 일들이 떠올랐습니다. 유대인들의 핍박은 바울이 개종한 직후부터 데살로니가전서를 서술하는 지금까지 바울을 그림자처럼 따라왔습니다. 좀처럼 자기를 괴롭힌 동족 유대인들의 악행을 거론하지 않던 바울은 매우 이례적으로 그들이 얼마나 자신의 사역을 괴롭혀 왔는가를 토로합니다. 15-16절입니다. "유대인은 주 예수와 선지자들을 죽이고 우리를 쫓아내고 하나님을 기쁘시게 하지 아니하고 모든 사람에게 대적이 되어 우리가 이방인에게 말하여 구원받게 함을 그들이 금하여 자기 죄를 항상 채우매 노하심이 끝까지 그들에게 임하였느니라."

바울은 자신의 사역을 집요하게 괴롭히면서 방해하는 유대인들의 악행에 대하여 하나님이 반드시 심판을 가하실 때가 있을 것이라고 확신했습니다. "노하심이 끝까지 그들에게 임하였느니라." "끝까지"는 "마침내는, 종국에는"이라고 번역하는 것이 원문의 의미를 더 분명히 드러냅니다. 본문에는 "임하였다"라고 하여 마치 하나님의 진노하심이 이미 일어난 것처럼 표현되어 있습니다. 그러나 이 어법은 과거에 이미 일어난 사건을 묘사하는 표현이 아닙니다. 당시의 유대인들이 사용하던 어법에는 미래에 어떤 일이 일어날 것을 의심하지 않고 확신하는 경우에 과거시제를 사용하여 표현하는 경우가 있었습니다. 그것은 미래에 일어날 일이지만 마치 눈앞에 이미 일어난 것처럼 선명하게 그 광경을 머릿속에 그리면서 말함으로써 그 일이 분명히 있을 것이라는 확신을 나타내는 어법입니다. 마치 미래의 세계를 한번 방문하고 온 사람처럼 표현하는 것입니다. 그러므로 이 구절은 다음과 같이 설명할 수가 있습니다. "하나님의 노하심이 마침내 의심할 여지없이, 마치 이미 일어난 일인 것처럼 확실하게 찾아올 것이다." 가는 곳마다 괴롭히고 방해하고 죽이려고 음모를 꾸

미는 유대인들을 생각할 때 바울도 인간인 이상 어떻게 마음에 분노와 속상함과 답답함이 솟아오르지 않을 수가 있겠습니까? 그러나 바울의 마음속에 있었던 확신은 하나님이 살아계시며, 살아계신 하나님이 이 모든 일을 세밀히 보고 계시며, 정의로우신 하나님께서 이 모든 악행에 대하여 반드시 심판하실 날이 있다는 것이었습니다. 로마서 12장 19절에서 바울 자신이 고백하고 있는 것처럼 "원수 갚는 것이 내게 있으니 내가 갚으리라"라는 주의 말씀에 대한 확신이 있었기 때문에 바울은 악으로 악을 갚지 않고, 원수 갚는 것을 하나님의 진노하심에 맡기면서 악에게 지지 않고 선으로 악을 이겨 나갈 수가 있었던 것입니다.

4

디모데의 파송

살전 2:17-3:13

성도를 향한 바울의 애정 (2:17-20)

바울은 2장 17-20절에서 자신이 데살로니가를 떠나게 된 것은 자의에 의한 것이 아니라 타의에 의한 것이었음을 밝히면서 데살로니가교회 성도들을 향한 자신의 마음을 밝힙니다. 바울의 대적들은 바울 일행이 자신들이 저질러 놓은 악행 때문에 결코 데살로니가로 돌아오지 못할 것이라는 근거 없는 소문을 퍼뜨리고 다녔습니다. 이들은 바울 일행이 다시는 데살로니가에 들어오지 못하도록 조치를 취해 놓고는 바울이 제 발이 저려서 들어오지 못한다고 선전하고 다녔던 것입니다.

바울은 대적들의 주장과는 달리 자신이 데살로니가로 돌아가서 성도들과 재회하기를 얼마나 바랐는가를 17절에서 밝힙니다. "형제들아 우리가 잠시 너희를 떠난 것은 얼굴이요 마음은 아니니 너희 얼굴 보기를 열정으로 더욱 힘썼노라." "우리"는 바울과 실루아노와 디모데를 가리킵니다. 바울은 데살로니가의 유대교인들에게 떠밀려서 데살로니가를 떠날 때 자신이 데살로니가를 떠나 있는 기간이 그리 오래 계속될 것이라고 생각하지 않았습니다. 잠깐 떠나 있다가 다시 데살로니가로 돌아갈 것으로 기대하고 있었습니다. 그런데 데살로니가를 떠난 후 고린도에 도착할 때까지의 여정을 보면 데살로니가로 돌아가는 것과는 점점 더 멀어지는 방향으로 사태가 전개되었습니다. 바울의 마음은 데살로니가 쪽으로 계속 끌렸으나, 바울의 행로는 베뢰아에서 아테네로, 아테네에서 고린도로 떠밀려 가면서 데살로니가로부터 멀어지기만 했습니다.

마음은 가까이 가고 싶은데 거리가 자꾸 멀어지면 안타까움과 그리움은 더 커지기 마련입니다. 이 같은 바울의 마음이 본문 중 "잠시 너희를 떠났다"라는 표현에 잘 나타나 있습니다. 여기서 번역상의 문제를 지적하지 않을 수가 없습니다. 우리말 번역은 원문에 생생하게 나타난 바울의 마음을 제대로 전달해 주지 못하고 있습니다. 우리말 번역에는 "잠시 너희를 떠났다"라고 평이하게 번역되어 있으나, 원문 그대로를 번역하면 "너희로부터 떠난 이후 지금까지 고아처럼 버림받았다"라고 되어 있습니다. 원문의 핵심은 "고아처럼 버림받았다"라는 데 있습니다. 이 표현이 들어가 있는 것과 단순히 "떠났다"라는 표현과는 전달되는 마음의 강도가 다릅니다. 사랑하는 성도들로부터 강제로 떠나야 했을 때 바울은 마치 가족을 떠나 고아가

된 느낌을 떨쳐 버릴 수가 없었던 것입니다. 이런 느낌은 바울의 여정이 베뢰아에서 아테네로, 아테네에서 고린도로 떠밀려 가는 과정에서 점차 소멸된 것이 아니라 점점 더 짙어져 가다가 고린도에 도착했을 때는 "약하고 두려워하고 심히 떨었노라"고전 2:3라는 고백을 해야 할 정도로 외로움을 느껴야 했습니다.

바울은 외로웠던 감정을 솔직히 표현한 후에 자신이 몸은 떠나 있어도 마음으로는 결코 데살로니가교회 성도들을 잊은 일이 없다고 토로합니다. 바울은 대적들이 비난하는 것처럼 데살로니가로 돌아가기를 주저하고 두려워하기는커녕 데살로니가교회 성도들에게로 돌아가려고 온갖 노력을 다했다고 말합니다. "너희 얼굴 보기를 열정으로 더욱 힘썼노라." 그러나 바울은 사탄의 방해 공작으로 데살로니가로 돌아가려는 자신의 노력이 거듭거듭 벽에 부딪혔다고 18절에서 말합니다. "그러므로 나 바울은 한번 두번 너희에게 가고자 하였으나 사탄이 우리를 막았도다." 바울의 데살로니가행을 가로막은 사탄의 방해 공작은 아마도 사도행전 17장 1-10절에 기록되어 있는 야손 사건을 배후 조종한 유대교인들의 계속되는 방해 공작과 관련되어 있음이 분명합니다. 바울을 대신하여 야손 가족을 인질로 사로잡은 유대교인들은 바울만은 다시 데살로니가로 불러들이지 않는다는 것을 조건으로 야손 가족을 풀어 준 바 있습니다. 이 서약 때문에 당시의 읍장들이 살아있는 동안 바울은 데살로니가에 들어갈 수가 없었습니다. 게다가 유대교인들은 바울이 데살로니가에 들어가려는 낌새가 보이면 온갖 수단과 방법을 동원해서 방해 공작을 했을 것으로 추정됩니다. 바울은 이 방해 공작을 사탄이 배후에서 조종하는 작업으로 해석합니다. 성령의 인도하심에 민감했던 바울은 사탄의 존재와 활동까지도 민감하게 감지할 수 있는 영적인 안목, 이른바 영성을 갖추고 있었던 것입니다.

바울은 데살로니가교회 성도들이 인간적인 그리움의 대상일 뿐만 아니라 예수 그리스도의 재림의 날에 하나님께서 인류의 모든 행동을 정밀하게 검토하실 때 하나님 앞에 자랑스럽게 내놓을 수 있는 열매들이라고 19-20절에서 말합니다. "우리의 소망이나 기쁨이나 자랑의 면류관이 무엇이냐 그가 강림하실 때 우리 주 예수 앞에 너희가 아니냐 너희는 우리의 영광이요 기쁨이니라." 흥미 있는 사실은 바울이 이 서신에서 중요한 주제를 서술한 뒤에는 항상 재림과 관련하여 언급하는 것으로 서술을 마무리 짓고 있다는 점입니다. 예를 들어서 첫 번째 주제인 데살로니가 성도들의 아름다운 신앙생활의 모습을 소개한 1장 2-10절의 마지막 절인 10절은 이렇게 마무리됩니다. "또 죽은 자들 가운데서 다시 살리신 그의 아들이 하늘로부터 강림하실 것을 너희가 어떻게 기다리는지를 말하니 이는 장래의 노하심에서 우리를 건지시는 예수시니라."

바울은 두 번째 주제인 자기변호를 하고 짤막하게 데살로니가 성도들의 신앙 생활하는 모습을 재차 소개한 뒤 2장 16절에서 이렇게 마무리합니다. "우리가 이방인에게 말하여 구원받게 함을 그들이 금하여 자기 죄를 항상 채우매 노하심이 끝까지 그들에게 임하였느니라." "노하심이 끝까지 그들에게 임하였다"라는 표현은 마지막 날에 임할 하나님의 심판을 가리킵니다. 이미 말씀드린 것처럼 데살로니가로 다시 돌아가고 싶어 하는 마음을 다루는 2장 17-18절 다음 절인 2장 19-20절도 재림에 대한 언명으로 마무리되고 있고, 새로운 주제를 다루는 3장 1-13절도 13절에서 재림에 대한 언명으로 마무리됩니다. "너희 마음을 굳건하게 하시고 우리 주 예수께서 그의 모든 성도와 함께 강림하실 때에 하나님 우리 아버지 앞에서 거룩함에 흠이 없게 하시기를 원하노라." 이 같은 구도는 바울 자신이 평소에 현실에서 주어진 사역에 충실하면서도 자신이 마지막 날에 주님 앞에 서는 날을 항상 의식하고 있었다는 점에 기인하기도 하지만, 데살로니가교회 성도들 사이에서 재림문제가 중요한 현안이었기 때문이기도 합니다. 바울서신들 중에서 재림을 뜻하는 헬라어 파루시아가 제일 먼저 등장하는 곳이 이 구절입니다.

디모데의 파송 (3:1-5)

바울은 데살로니가교회 성도들과 재회하기 위하여 데살로니가로 다시 들어가려는 여러 번의 시도가 좌절되자 자신이 직접 데살로니가로 들어가는 것을 포기하고 대안을 마련합니다. 그 대안은 디모데를 데살로니가로 파송하는 것입니다. "이러므로 우리가 참다 못하여 우리만 아덴에 머물기를 좋게 생각하고"3:1. 바울은 데살로니가교회 성도들과 관계가 단절되는 것을 내버려 둘 수 없었습니다. 마침내 바울은 '우리만 아덴에 머물기를 좋게 여기는' 결단을 합니다. 이 결단은 무엇을 의미할까요? 바울은 베뢰아를 떠날 때 사태가 긴급하여 혼자 먼저 떠났었습니다. 그 후 아덴에서 체류하는 동안 디모데와 실라가 내려와 바울과 합류합니다. 디모데와 실라가 바울과 합류했다는 것은 외로웠던 바울이 크게 위로를 받고 힘을 얻었다는 것을 뜻합니다. 그러나 바울은 자신의 오른팔처럼 충직하게 자신의 사역을 도와주는 디모데를 데살로니가로 보내기로 결단합니다. 이 본문에 바울이 아테네에 머물기를 좋게 여겼다는 표현이 등장하는데, 여기서 "머문다"라는 표현은 외롭게 홀로 남는다는 뜻입니다. "좋게 여긴다"라는 말은 결심한다는 뜻도 있습니다. 바울은 외롭게 홀로 남는 것을 각오하고 결연하게 디모데를 데살로니가교회 성도들에게로 보냅니다.

바울은 아테네에서 외로운 투쟁을 해야만 했습니다. 아테네는 복음에 적대적인 세련된 철학자들로 둘러싸여 있었으며, 우상숭배로 물들어 있었습니다. 아테네인들은 복음을 조롱하고 받아들이려고 하지 않았습니다. 이런 어려운 상황에서 디모데와 같은 충직한 동역자와 헤어진다는 것은 심정적으로 쉬운 일이 아니었습니다. 그런데도 바울은 디모데를 데살로니가에 보내기로 결단합니다. "우리 형제 곧 그리스도의 복음을 전하는 하나님의 일꾼인 디모데를 보내노니"3:2 상. 그리고 아테네에는 실라와 자신만 남기로 결정합니다.

바울과 실라가 바울 일행에게는 위험한 지역이 되어버린 데살로니가에 디모데를 보내기로 결정한 데는 여러 가지 이유가 있었던 것으로 추정됩니다. 바울의 데살로니가 사역을 기록하고 있는 사도행전 17장이나 그 이전 빌립보 사역을 보도하고 있는 사도행전 16장을 읽어 보면 바울이 디모데를 동역자로 택하여 같이 여행을 시작한 후에도 실라의 이름은 바울과 나란히 빈번히 거론되는데 비하여 디모데의 이름은 거론되지 않습니다. 아마도 바울은 디모데를 사역의 전면에 내세우지 않았던 것 같습니다. 눈에 띄게 두드러진 활동을 하지 않고 다만 바울의 비서처럼 바울의 일을 돕는 정도의 역할만을 맡긴 것으로 판단됩니다. 바울과 실라는 빌립보에서 같이 감옥에도 갇히고 했던 것으로 미루어 볼 때 사람들의 눈에 드러난 반면에 디모데는 빌립보에서나 데살로니가에서 사람들의 눈에 크게 드러나지 않은 인물이었음이 분명합니다. 따라서 데살로니가의 대적들도 디모데에 대해서는 별로 주목하지 않았을 것입니다. 이런 사정을 감안해서 바울과 실라는 디모데를 데살로니가에 보내도 그다지 위험하지 않으리라고 판단하고 디모데를 보내기로 결정을 했던 것 같습니다.

바울이 디모데를 데살로니가에 보낸 목적이 2절 하반절부터 5절까지 서술되어 있습니다. "이는 너희를 굳건하게 하고 너희 믿음에 대하여 위로함으로 아무도 이 여러 환난 중에 흔들리지 않게 하려 함이라 우리가 이것을 위하여 세움 받은 줄을 너희가 친히 알리라"^{3:2하-3}. 디모데를 데살로니가에 보낸 목적은 데살로니가교회 성도들의 믿음을 강화시켜서 그들에게 찾아온 환란을 잘 극복할 수 있도록 돕기 위한 것이었습니다. "이 여러 환난 중에 흔들리지 않게 하려 함이라"라는 표현에 주목할 필요가 있습니다. 이 구절에 사용된 '흔들리지 않게 한다'라는 동사는 좀 더 정확하게 표현하면 '유혹에 말려들어 가지 않게 한다'라는 뜻입니다. 이 동사는 개가 꼬리를 치면서 아양을 떠는 모습을 연상시킵니다. 바울의 대적들이 개가 꼬리를 치면서 아양을 떠는 것처럼 데살로니가교회 성도들을 미혹해도 이 미혹에 넘어가지 않도록 돕기 위하여 디모데를 보낸다는 것입니다.

데살로니가교회 성도들에게 아양을 떨면서 꼬리를 치는 자들은 데살로니가에 있는 유대교 지도자들입니다. 유대교 지도자들에게 있어서 바울은 철저하게 제거되어야 할 대상입니다. 그러나 데살로니가교회 성도들은 바울을 따른다는 점에 있어서는 밉지만, 유대교인들에게는 여전히 포섭의 대상입니다. 따라서 유대교 지도자들은 한편으로는 데살로니가교회 성도들을 바울로부터 떨어뜨려 놓으려는 작전을 펴면서도 다른 한편으로는 이들을 회유하는 정책을 폈을 것입니다. "봐라, 바울과 같은 사기꾼 방랑설교자를 따라다녀 봐야 어려운 일만 생기지 않느냐? 잠깐 바울을 따랐던 행적을 다 눈감아 주겠다. 이제라도 유대교로 돌아오는 것이 어떠냐? 그러면 모든 일이 원상 복구되는 것이 아니냐? 너희를 괴롭히던 환란도 즉각 중지될 것이고 이전처럼 평화롭게 생활할 수 있지 않느냐?" 바울은 이런 상황을 예상하면서 디모데를 데살로니가로 보내 바른 복음을 계속하여 가르침으로써 데살로니가교회 성도들을 유대교 지도자들의 미혹으로부터 보호하고자 했습니다.

바울은 환란을 당한 데살로니가 교인들을 향하여 3절 하반절에서 중요한 가르침을 하나 줍니다. 이 가르침은 "우리가 이것을 위하여 세움 받은 줄을 너희가 친히 알리라"라는 구절에 담겨 있습니다. "이것"은 환란을 뜻합니다. "위하여 세우셨다"라는 말은 하나님이 바울을 사도로 세우신 목적은 환란을 받게 하려는 것이라는 뜻입니다. 하나님이 환란을 받도록 정하셨기 때문에 환란을 피할 길이 없다는 것이 바울이 말하고자 하는 것입니다. "우리" 곧 바울 일행이 환란을 당하는 것은 마땅히 겪어야 할 일로 정해진 수순이었습니다.

그리스도의 사역자들이 환란을 당하는 것은 예정된 수순으로서, 주님의 사역자가 되었음을 증명하는 표지입니다. 바울은 데살로니가에서 사역하는 동안 자신과 동역자인 디모데와 실루아노에게 환란이 뒤따라올 것을 예고했음을 상기시키면서 예고한 그대로 자신들에게 환란이 찾아왔음을 4절에서 강조합니다. "우리가 너희와 함께 있을 때에 장차 받을 환란을 너희에게 미리 말하였는데 과연 그렇게 된 것을 너희가 아느니라." 바울은 자신의 선교사역의 경험을 통해서 "누구든지 나를 따라오려거든 자기를 부인하고 자기 십자가를 지고 나를 따를 것이니라"^{막 8:34}라고 하신 주님의 가르침이 진리라는 사실을 몸으로 체험해 왔고 또 성도들에게도 줄곧 그렇게 가르쳐 왔습니다. 바울은 1차 선교여행 중에 하나님 나라의 일을 하는 자들에게 세상에서는 환난이 반드시 따라온다는 사실을 깨닫고 성도들에게 가르친 바 있습니다. 사도행전 14장 22절입니다. "제자들의 마음을 굳게 하여 이 믿음에 머물러 있으라 권하고 또 우리가 하나님의 나라에 들어가려면 많은 환난을 겪어야 할 것이라 하고."

바울은 5절에서 데살로니가교회 성도들의 믿음의 상태를 파악하고, 이들이 사탄의 유혹에 미혹되지 않도록 돕고, 또한 자신이 데살로니가에서 했던 사역이 헛되지 않도록 하기 위하여 디모데를 보낸다는 사실을 재차 밝히는 것으로 디모데 파송의 이유에 대한 서술을 마무리합니다. "이러므로 나도 참다못하여 너희 믿음을 알기 위하여 그를 보내었노니 이는 혹 시험하는 자가 너희를 시험하여 우리 수고를 헛되게 할까 함이니."

성도의 소식을 듣고 힘을 얻음 (3:6-9)

아테네에서 바울의 지시에 따라 데살로니가로 들어갔던 디모데는 아테네를 떠나 고린도에 와 있던 바울에게 돌아왔습니다. 6절부터는 디모데가 데살로니가로 갔다가 고린도에 돌아온 후에 바울에게 일어난 일을 서술합니다. 디모데가 고린도에 귀환하여 전한 소식은 바울의 마음속에 오랫동안 무거운 납덩어리처럼 들어앉아 있었던 짐을 일순간에 덜어 주는 기쁜 소식이었습니다. 이 기쁜 소식은 데살로니가교회 성도들의 아름다운 신앙생활 모습에 관한 것입니다. 이 모습에 대해서는 이미 1장과 2장에서 충분히 서술했지만, 디모데가 돌아온 일을 서술하는 이 대목에서 바울은 표현을 달리하여 다시 서술합니다. "지금은 디모데가 너희에게로부터 와서 너희 믿음과 사랑의 기쁜 소식을 우리에게 전하고 또 너희가 항상 우리를 잘 생각하여 우리가 너희를 간절히 보고자 함과 같이 너희도 우리를 간절히 보고자 한다 하니."

이 본문은 데살로니가교회 성도들의 신앙생활의 세 가지 모습을 소개하고 있습니다.

첫째로, 이들은 믿음이 있는 자들이었습니다.

둘째로, 이들은 사랑의 실천이 있는 자들이었습니다. 믿음과 사랑이 등장하는 것을 볼 때 우리는 1장 3절에 소개되었던 세 단어인 '믿음-사랑-소망'을 연상하게 됩니다. "너희의 믿음의 역사와 사랑의 수고와 우리 주 예수 그리스도에 대한 소망의 인내를 우리 하나님 아버지 앞에서 끊임없이 기억함이니." 믿음과 사랑과 소망이 데살로니가 성도들의 신앙생활의 모습을 서술할 때 사용되었습니다. 믿음과 사랑은 1장 3절과 3장 6절에 공통되는 요소입니다.

셋째로, 이들은 지도자를 간절히 보고 싶어 하는 자들이었습니다. 세 번째 특징인 1장 3절의 소망이 3장 6절에서는 새로운 내용으로 대체됩니다. 바울은 3장 6절에서 '믿음-사랑-소망'에 변화를 주고 있습니다. 새로운 내용은 데살로니가교회 성도들이 그들의 충실한 지도자였던 바울 일행을 '잘 생각하고 있을 뿐만 아니라 간절히 보고 싶어 한다'라는 것입니다. 바울의 글을 읽어 보면 비슷비슷한 내용을 반복하여 말하고 있는 것 같은데 잘 살펴보면 어딘가 한군데는 다르고 새로운 내용이 들어 있어서 비슷비슷한 것 같으면서도 똑같은 것은 하나도 없는 특징을 보여줍니다. 이것이 바울의 글의 매력이기도 합니다. 일관된 하나의 큰 흐름 속에 헤아릴 수 없이 많고 다양하고 새롭고 특이한 요소들이 보석처럼 박혀서 반짝이고 있는 것입니다.

하나님을 향한 믿음과 인간을 향한 사랑의 실천의 조화에 대해서는 1장 3절을 공부할 때 강조한 바 있습니다. 여기서는 새로운 요소 곧, 바울 일행을 잘 생각했다는 구절과 바울 일행을 간절히 보고 싶어 했다는 구절의 의미를 생각해 보겠습니다.

인간적인 측면에서만 보면 바울 일행은 평화롭던 데살로니가에 들어와서 소란만 일으키고 데살로니가교회 성도들의 생활을 힘들게 만들어 놓고 떠난 문제아들로 여겨질 수도 있었습니다. "내가 세상에 화평을 주러 온 줄로 생각하지 말라 화평이 아니요 검을 주러 왔노라"마 10:34라는 예수님의 말씀처럼 바울 일행은 화평을 구가하던 데살로니가교회 성도들에게 검을 던져주고 떠났던 것입니다. 그런데 놀랍게도 데살로니가교회 성도들은 개종한 지 얼마 되지 않은 성도들이었음에도 불구하고 바울 일행을 문제아로 생각하지 않고 오히려 이들을 "잘" 생각했습니다. 잘 생각했다는 말은 "선한 기억을 가지고 있다"라는 뜻입니다. 그뿐만 아니라 바울이 이들을 그토록 보고 싶어 했던 것처럼 이들도 바울 일행을 보고 싶어 했습니다. 데살로니가교회 성도들은 데살로니가에서 일어난 소동이 자신들의 생활에 많은 불편을 가져다주었고 자신들을 고난 속에 몰아넣었음에도 불구하고, 바울의 가르침과 사역의 참뜻을 이해하고 이들을 신뢰하고 보고 싶어 했습니다. 이것이 바람직한 성도와 지도자의 관계입니다. 가르침을 받는 성도들과 지도자 사이에는 바울과 데살로니가교회 성도들의 관계에서 볼 수 있는 것과도 같은 신뢰와 사랑의 관계가 있어야 합니다. 지도자가 성도들에 대한 진실한 사랑과 애정을 가지고 하나님의 말씀을 가감 없이 바르게 가르치고 그 말씀을 자신의 삶 속에 먼저 생활화하기를 힘쓸 때, 많은 고난도 뒤따르겠지만 동시에 성도들과 깊은 신뢰와 사랑의 관계도 맺을 수 있는 것입니다.

바울은 디모데로부터 데살로니가교회 성도들이 바울에 대하여 그리고 바울의 동료들에 대하여 선한 기억을 가지고 있으며 바울 일행을 많이 보고 싶어 한다는 소식을 전해 듣고 천근같이 무거웠던 마음의 짐이 덜어지는 것을 느낄 수 있었습니다. 바울에게는 데살로니가교회 성도들에게 전해 주어야 할 많은 가르침의 보따리를 제대로 풀어 보기도 전에 데살로니가를 떠나야 했던 일이 늘 큰 부담으로 자리 잡고 있었습니다. 그리스도를 따르는 자들에게는 환란이 따르기 마련이라는 점을 강조하긴 했지만 데살로니가교회 성도들을 환란 속에 빠뜨린 데 대한 미안한 마음도 있었고, 예상되는 환란을 견디어 낼 수 있을까 하는 염려도 있었고, 자신들에 대한 오해 때문에 자신들을 미워하지는 않을까 하는 우려도 있었습니다. 그런데 데살로니가교회 성도들이 자신들에 대하여 선한 기억을 가지고 있으며 자신들을 보고 싶어 한다는 소식을 디모데에게서 듣는 순간 이 모든 염려와 우려가 씻은 듯이 사라지고 비로소 숨통이 트이는 경험을 한 것입니다.

　이런 바울의 고양된 마음 상태가 7-9절에 잘 나타나 있습니다. 7절을 보겠습니다. "이러므로 형제들아 우리가 모든 궁핍과 환란 가운데서 너희 믿음으로 말미암아 너희에게 위로를 받았노라." "궁핍"으로 번역된 단어는 '실의 또는 좌절'이라는 뜻으로도 번역될 수 있습니다. 바울이 궁핍이나 환란이라고 한 것은 물리적인 어려움보다도 바울 자신이 데살로니가를 떠난 이후에 겪어야 했던 심리적인 고통을 가리키는 것으로 보는 것이 자연스럽습니다. 바울은 데살로니가교회의 일로 인하여 마음에 찾아온 정신적인 고통 곧, 고린도에 도착할 무렵에는 "약하고 두려워서 떨었을" 정도로 자신을 힘들게 했던 정신적인 고통으로부터 이제 벗어나서 위로를 받았다는 것입니다. 바울의 마음은 8절에 계속하여 나타납니다. "그러므로 너희가 주 안에 굳게 선 즉 우리가 이제는 살리라." 바울 일행이 데살로니가를 떠난 이후에도 데살로니가교회의 성도들이 환란에 굴복하지 않고 굳게 서가고 있다는 소식을 듣고 나니까 비로소 바울은 숨을 제대로 쉴 수 있게 되었다는 것입니다. 그러면서 바울은 9절에서 다시 하나님께 감사의 찬양을 드립니다. "우리가 우리 하나님 앞에서 너희로 말미암아 모든 기쁨으로 기뻐하니 너희를 위하여 능히 어떠한 감사로 하나님께 보답할까."

성도를 위한 기도와 새로운 주제로의 전환 (3:10-13)

디모데를 데살로니가에 보내게 된 경위와 이 일과 관련되어 자신이 받은 위로와 기쁨이 어떤 것이었는가를 서술한 바울은 데살로니가교회 성도들을 위한 기도로 서술을 마무리하고 4장 1절부터는 새로운 주제로 넘어갑니다.

바울의 첫 번째 기도제목이 서술된 10절은 앞으로 등장하는 서신의 내용이 이전의 내용과는 성격이 달라질 것임을 강력하게 암시합니다. "주야로 심히 간구함은 너희 얼굴을 보고 너희 믿음이 부족한 것을 보충하게 하려 함이니." 자, 어떤 점에서 바울의 서술이 달라지는 것일까요? 바울은 데살로니가교회 성도들을 만나게 되기를 하나님께 기도하고 있는데, 그 목적은 그들의 믿음의 부족함을 온전케 하려는 마음이 있기 때문이라고 말하고 있습니다. 지금까지는 데살로니가교회 성도들의 대견한 신앙생활의 모습을 칭찬하는 일에 힘을 기울였던 바울이 이제는 이들의 신앙생활에 부족한 부분이 있음을 말하기 시작한 것입니다. 바울이 그들을 보고 싶어 한 이유는 바울 자신이 데살로니가교회 성도들을 향해 가졌던 인간적인 그리움을 채워주고 위로를 받으려고 한 것만은 아니었습니다. 더 중요한 이유는 데살로니가교회 성도들의 부족한 부분을 채워주려는 데 있었습니다. 이것은 4장 이하 서술의 방향을 말해주는 것이기도 합니다. 곧 4장 이후부터는 데살로니가교회의 잘못된 신앙생활을 바로

잡고 경고하는 내용을 말하게 됩니다.

계속되는 11절에서 바울은 데살로니가로 들어가는 길을 가로막고 있는 사탄의 방해 공작을 하나님이 제거해 주시고 데살로니가로 들어갈 수 있는 길이 순탄히 열리기를 기도합니다. "하나님 우리 아버지와 우리 주 예수는 우리 길을 너희에게로 갈 수 있게 하시오며." "갈 수 있게 한다"라는 말은 장애물을 제거한다는 뜻입니다. 여기서 우리가 잠시 주의를 기울이고 지나가야 할 점은 서론에서도 말씀드린 바와 같이 사도 바울은 성부 하나님께 돌아가야 할 신성을 똑같이 예수 그리스도에게도 돌리고 있다는 점입니다. 이 사실은 "하나님 우리 아버지와 우리 주 예수"라는 표현에 잘 나타나 있습니다. 바울은 성부 하나님과 성자 예수님을 나란히 병렬시킴으로써 예수 그리스도를 성부 하나님과 동등하게 대우합니다. 그 당시 예수 그리스도를 하나님으로 인정한다는 것은 성부 하나님만을 하나님으로 인정했던 유대교로부터 배반자로 낙인찍히고 유대인들의 공동체로부터 추방당하고 때로는 생명의 위험까지도 무릅쓴다는 것을 의미했습니다. 이 같은 상황에서 바울이 성부와 성자를 동등한 하나님으로 언급했다는 것은 적어도 유대사회에서는 어지간한 믿음과 용기가 아니면 하기 어려운 일이었습니다.

12절에서는 데살로니가교회 성도들 상호 간에 사랑이 넘치게 해달라는 기도를 드립니다. "또 주께서 우리가 너희를 사랑함과 같이 너희도 피차간과 모든 사람에 대한 사랑이 더욱 많아 넘치게 하사." 여기서도 바울은 자신이 데살로니가 성도들을 향하여 품은 사랑을 본받을 것을 권고합니다. 바울이 데살로니가교회 성도들을 진정한 마음으로 사랑하는 것처럼 데살로니가교회 성도들도 서로를 사랑하라는 것입니다. 바울은 바울 일행의 모습을 본보기로 제시하면서 데살로니가 교인들에게 본받을 것을 권고합니다. 복음 또는 가르침은 먼저 가르치는 자의 삶 속에 충분히 내면화되고 생활화되어야 전달받는 자들에게 감동을 주고 그들을 변화시킬 수 있습니다.

13절에서 바울은 재림의 날의 문제에 관심이 집중되어 있는 데살로니가 교인들이 거룩한 마음과 흠 없는 모습으로 설 수 있도록 도와 달라고 기도함으로써 서술을 마무리합니다. "너희 마음을 굳건하게 하시고 우리 주 예수께서 그의 모든 성도와 함께 강림하실 때에 하나님 우리 아버지 앞에서 거룩함에 흠이 없게 하시기를 원하노라." 이 기도문에서 바울은 주님이 재림하셔서 우리의 모든 내면적이고 외적인 생활을 심판하실 때 그분의 불꽃같은 눈앞에서 거룩한 마음과 흠 없는 삶의 모습을 보여드린다는 목표를 마음에 두고 힘쓸 것을 권고합니다.

5

성도의 바른 생활

살전 4:1-12

4장부터 데살로니가전서의 후반부가 시작됩니다. 3장까지 데살로니가교회 성도들의 아름다운 신앙생활을 칭찬하면서 하나님께 감사하는데 집중했던 바울은 4장부터는 데살로니가교회 성도들의 "믿음이 부족한 것"3:10을 채우는 내용을 말하기 시작합니다. 4장 1-12절에서는 데살로니가교회가 절실하게 필요로 하는 몇 가지 윤리적 실제 문제에 대한 교훈을 제시하고, 4장 13절부터 5장 11절까지는 재림문제를 주로 다루고 있으며, 5장 12절부터 22절까지는 일반적인 윤리적 교훈들을 소개한 다음, 5장 23절부터 28절까지는 마지막 인사로 서신을 마무리합니다.

바울은 4장 1절과 2절에서 성도의 삶의 대원리 곧, 기독교윤리의 대헌장을 소개하고, 이어서 두 가지 구체적인 문제를 다룹니다.

하나는 성윤리 문제로서 3절에서 8절까지의 서술의 중심 주제이며, 다른 하나는 일할 수 있는 자는 게으르지 말고 일하여 스스로 생계비를 충당하라는 권고로서 9-12절까지의 중심 주제입니다.

성도의 생활을 위한 대강령 (4:1-2)

1-2절은 3절부터 12절까지 전개되고 있는 두 가지 주제를 위한 총론입니다. 바울은 자신이 말하는 내용이 새로운 것이 아니라 자신이 데살로니가에 있을 때 이미 충분히 가르쳤던 내용을 반복하는 것임을 상기시키면서 말을 풀어갑니다. "그러므로 형제들아 우리가 끝으로 주 예수 안에서 너희에게 구하고 권면하노니 너희가 마땅히 어떻게 행하며 하나님을 기쁘시게 할 수 있는지를 우리에게 배웠으니 곧 너희가 행하는 바라 더욱 많이 힘쓰라 우리가 주 예수로 말미암아 너희에게 무슨 명령으로 준 것을 너희가 아느니라." "끝으로"는 "추가로"라는 뜻입니다. 이 표현은 하나의 큰 주제에 대한 서술이 끝나고 새로운 주제를 다루기 시작했다는 뜻입니다. "지금까지 서술한 내용과 다른 새로운 내용을 추가로 말하자면"이라는 뜻입니다. 바울은 데살로니가에 있을 때 성도들이 유념해야 할 여러 가지 윤리적인 교훈들을 가르쳤음이 분명합니다.

바울은 1절에서 자신이 가르친 모든 윤리적인 가르침의 밑바닥에 깔린 기본적인 원리를 말합니다. 이 원리는 "너희가 마땅히 어떻게 행하며 하나님께 기쁘시게 할 수 있는지를 우리에게 배웠으니"라는 구절에 담겨 있습니다. 이 구절에 담긴 원리는 이렇게 정리할 수 있습니다. "마땅히 행하는 목적은 하나님을 기쁘시게 하는 데 있다." "마땅히 어떻게 행하며"라는 말은 성도들은 어떤 행동을 할 때 일정한 원리에 따라서 행동해야 하는 자들이라는 뜻입니다. 바울은 데살로니가에서 사역할 때 성도들이 어떤 원리에 따라서 행동해야 하는지 가르쳐 주었습니다.

성도들은 하나님이 주신 원리에 따라서 하나님을 기쁘시게 하는 목적을 위하여 행동하는 자들입니다. 이 명제는 기독교윤리의 대헌장입니다. 이 대헌장이 바울이 제시하는 모든 윤리적 교훈의 배경에 깔려 있습니다. 바울은 자신이 행하는 사역이 사람을 기쁘게 하려 함이 아니라 마음을 감찰하시는 하나님을 기쁘게 하려 함이라고 데살로니가전서 2장 4절에서 밝힌 바 있습니다. 가장 결정적인 본문은 로마서 12장 2절입니다. "너희는 이 세대를 본받지 말고 오직 마음을 새롭게 함으로 변화를 받아 하나님의 선하시고 기뻐하시고 온전하신 뜻이 무엇인지 분별하도록 하라." 이 대헌장에 따라서 성도들은 자신이 얼마나 많은 만족과 성취감과 즐거움을 얻을 수 있는가라는 인간중심적인 목표를 위해서가 아니라 하나님을 기쁘시게 하는 목표를 위해서 살아야 합니다.

바울의 총론에서 또 한 가지 주목할 내용이 있습니다. 바울은 데살로니가교회 성도들이 자신이 가르친 교훈을 충실하게 실천에 옮기고 있음을 알고 있습니다. 그러나 바울은 데살로니가교회 성도들에게 그 단계에 머물지 말고 앞으로 더 나아가도록 권고하고 있습니다. 이 권고는 "너희가 행하는 바라 더욱 많이 힘쓰라"라는 표현에 잘 나타나 있습니다. 10절에서도 이 권고는 반복됩니다. "너희가 온 마게도냐 모든 형제를 대하여 과연 이것을 행하도다 형제들아 권하노니 더욱 그렇게 행하고." 바울은 자신도 빌립보서에서 고백하고 있는 것처럼 이미 지난 일은 잊어버리고 항상 주께서 앞에 보여주신 푯대를 향하여 나아갔는데빌 3:12-14, 데살로니가교회 성도들에게도 같은 삶을 살도록 권고합니다. 성도가 이 세상에서 영위하는 삶에 있어서 완전이란 있을 수 없습니다. 하나님이 주신 목표를 향해서 항상 새롭게 나아가는 삶만이 있을 뿐입니다.

성도의 성윤리 (4:3-6상)

1-2절에서 성도의 삶의 대강령을 밝힌 바울은 3절 이하에서 구체적인 문제로 들어갑니다. 먼저 3절을 보겠습니다. "하나님의 뜻은 이것이니 너희의 거룩함이라 곧 음란을 버리고." 바울은 성도들이 거룩한 삶을 영위하는 것이 하나님의 뜻임을 밝힌 후에 기독교인이 거룩한 삶을 사는 방법 가운데 하나가 음란을 버리는 것이라고 말합니다. 본문이 말하는 음란은 좁은 의미로는 창녀들과 성관계를 갖는 행위를 가리키며, 넓은 의미로는 결혼관계 밖에서 행해지는 모든 형태의 성행위를 통칭합니다.

그런데 여기서 우리가 유념해야 할 사실은 바울 당시에 음란을 멀리하라는 말은 새롭고 이상한 권고로 받아들여질 수 있는 권고였다는 점입니다. 우리는 오늘날 우리가 사는 사회는 성윤리가 자유롭게 개방된 사회요, 옛날은 성윤리가 엄격한 사회였다는 통념을 가지고 있을 때가 많습니다. 그러나 반드시 그렇지만은 않았습니다. 고대사회의 성윤리는 우리가 생각하는 것 이상으로 느슨했습니다. 바울 시대의 로마사회에서는 다양한 형태의 혼외정사가 용납되었고 심지어는 장려되기까지 했습니다. 로마의 귀족은 다른 귀족의 부인과 사귀면서 정신적인 교류를 갖는 것이 공식으로 허용되었고, 여자 노예를 첩으로 둘 수 있었으며, 창녀와 교제할 수 있었습니다. 어떤 종교에서는 성전 창녀와의 성교를 예배의식의 일부로 집어넣기도 했습니다. 아내의 역할은 합법적인 결혼관계를 통하여 얻은 자녀를 키우고 가정을 경영하는 역할에 제한되었습니다. 데살로니가교회 성도들은 이런 관습을 그저 당연한 일로 간주하면서 살다가 개종한 자들입니다. 따라서 이들에게는 옛날의 습관이 언제든지 다시 고개를 들 위험이 있었습니다. 바울은 이 가능성을 염두에 두면서 합법적인 결혼관계 밖에서 행해지는 성관계에 말려들지 말 것을 권고합니다.

3절에서 음란을 버리라는 소극적인 권고를 한 바울은 4절에서는 적극적인 권고로 나아갑니다. "각각 거룩함과 존귀함으로 자기의 아내 대할 줄을 알고." "아내 대할 줄을 알고"라는 문장은 '자기의 몸을 통제할 줄을 알고'로 번역하는 것이 더 정확합니다. 이 명령의 의미는 자신의 몸을 스스로 통제하여 거룩함과 존귀함 안에 두는 훈련을 하라는 것입니다. 바울은 이 말을 그다음 구절인 5절에서 보완 설명합니다. "하나님을 모르는 이방인과 같이 색욕을 따르지 말고." 4절과 5절을 연결하여 보면, 바울은 몸을 색욕에 복종시키지 말고 거룩함과 존귀함 안에 두라고 명령하고 있음을 알 수 있습니다. 우리의 몸을 색욕에 복종시키지 않고 거룩함과 존귀함에 복종시켜야 하는 이유가 고린도전서 6장 19-20절에 잘 나타나 있습니다. "너희 몸은 너희가 하나님께로부터 받은 바 너희 가운데 계신 성령의 전인 줄을 알지 못하느냐 너희는 너희 자신의 것이 아니라 값으로 산 것이 되었으니 그런즉 너희 몸으로 하나님께 영광을 돌리라." 이 본문에 보면 우리의 몸을 거룩함과 존귀함에 복종시켜야 하는 두 가지 이유가 제시되어 있습니다. 하나의 이유는 우리의 몸은 성령 곧, 거룩한 영이 거하시는 성전이기 때문이며, 다른 이유는 우리의 몸은 우리의 소유가 아니라 하나님께서 독생자의 피를 지불하고 사신 하나님의 소유물이기 때문입니다.

성윤리에 관한 바울의 권고는 6절에 이르러서 매우 깊은 차원으로 들어갑니다. "이 일에 분수를 넘어서 형제를 해하지 말라 이는 우리가 너희에게 미리 말하고 증언한 것과 같이 이 모든 일에 주께서 신원하여 주심이라." "이 일"은 성관계를 뜻하고, "분수"는 성관계를 합법적으로 행할 수 있는 범주 곧, 결혼관계를 뜻합니다. 본문의 의미는 합법적인 범주 곧 결혼이라는 범주를 넘어서 성관계를 행하면 형제에게 해를 가하게 된다는 뜻입니다.

이 본문이 말하는 형제는 바울이 데살로니가교회 성도들에 대한 애칭으로서 형제라고 부를 때와는 다른 의미를 가집니다. 본문의 형제는 성관계를 가지는 당사자인 남자와 여자가 아닌 제삼의 남자 형제를 가리킵니다. 결혼관계가 아닌 당사자와 성관계를 갖는 것은 단순히 두 당사자만의 문제가 아니라 제삼자에게까지 영향을 끼치는 사회적인 문제라는 것입니다. 만일 어떤 남자가 혼인하기 전의 여자와 성관계를 가진다면, 이 남자는 미래에 성관계를 가진 여자와 결혼할 남자 - 제 삼의 남자 - 에게 돌아가야 할 순결을 빼앗음으로써 그 남자에게 해를 끼치는 셈이 됩니다. 또한 여자가 유부녀인 경우에는 그 여인의 남편 - 제 삼의 남자 - 에게 바로 상처를 줍니다. 이처럼 혼외정사는 남자의 입장에서 보았을 때 제삼의 남자에게 반드시 어떤 형태로든 해를 끼치는 행위입니다. 따라서 혼외정사는 사회적 관계를 깨뜨리는 행위가 되고 이웃의 안위와 안녕을 돌아보지 않는 이기적인 행위가 됩니다.

어떤 사람들은 마음속으로 합법적인 배우자가 아닌 상대방에게 욕망을 느끼면서도 겉으로는 표현하지 않고 안 그런 것처럼 행동하는 것은 위선이라고 말하면서, "우리 모두 좀 솔직해지자. 가면을 벗어버리고 마음의 욕망대로 솔직하게 행동하자"라고 주장하기도 합니다. 마음으로는 욕망에 끌리면서도 행동으로는 하지 않는 것이 더 옳은가, 아니면 솔직하고 정직하게 마음속의 욕망을 표현하는 것이 더 옳은가? 이 질문에 대해서는 세 가지 답변이 가능할 것 같습니다. 첫째로, 마음의 욕망에 따라서 솔직하게 행동한다. 둘째로, 마음속에는 욕망이 있어도 그 욕망이 바른 욕망이 아니면 행동으로라도 자제한다. 두 번째가 첫 번째보다 바른 태도입니다. 마음의 욕망을 행동으로 나타내지 않는 것은 위선과는 다릅니다. 이 태도는 완전하지는 않지만 절제의 표현으로서 윤리적인 태도입니다. 마음속으로만 욕망을 품고 있다가 행동화하지 않는 사람은 나중에 마음으로 회개하면 됩니다. 그러나 마음의 욕망을 일단 행동으로 표출하고 나면 타인에게 돌이킬 수 없는 피해를 주게 되고, 그 피해에 대하여 책임을 져야 하는 지경에 이릅니다. 일단 타인에게 피해를 입히면 그 피해는 피해를 입은 사람에게 영원히 지울 수 없는 상흔으로 남습니다. 셋째로, 마음으로 욕망을 제어하기 위해 노력하면서 행동화하지 않는다. 이것이 최선의 길입니다.

윤리적 권고의 신학적 근거 (4:6하-8)

바울은 6절 이하에서 성도가 음란을 피하는 행위를 비롯하여 거룩한 삶을 영위해야 하는 신학적인 이유를 몇 가지 소개합니다. 한 가지 이유가 6절 하반절에 등장합니다. "이 모든 일에 주께서 신원하여 주심이라." 여기서 "신원하여 주신다"라는 표현은 하나님이 심판을 내리신다는 뜻입니다. 신원한다는 말은 '정의를 확립한다'라는 뜻입니다. 하나님은 마지막 날에 현세 안에서 행한 인간의 모든 행위에 대하여 공정하게 심판을 시행하심으로써 마침내 하나님의 정의를 확립하실 것입니다. 왜 우리가 우리 안에서 강렬하게 솟아오르는 욕망을 힘겹게 제어해 가면서까지 거룩한 삶을 살아야 합니까? 우리의 모든 행동에 대하여 하나님의 정의로운 심판이 반드시 임할 것이기 때문입니다.

다른 신학적 이유는 7절에 서술되어 있습니다. "하나님이 우리를 부르심은 부정하게 하심이 아니요 거룩하게 하심이니." 본문을 원문에 근거하여 직역해 보면 이렇게 번역할 수 있습니다. "하나님은 우리를 부정함으로 부르신 것이 아니라 거룩함 안에_{으로} 부르셨다." 부정함으로 부르신 것이 아니라는 말은 부정한 생활을 목표로 살아가도록 부르시지 않았다는 뜻입니다. 하나님이 우리를 부르신 것은 거룩함 안에 있도록 부르셨다는 뜻입니다. 우리는 바울이 특히 "안에"라는 전치사를 선호한다는 사실을 주목한 바가 있는데 여기 다시 "안에"라는 전치사가 등장합니다. "안에"는 대기大氣라는 뜻도 가지고 있습니다. 하나님은 우리가 거룩함이라는 대기 안에 푹 안겨서 거룩함의 공기를 들이마시면서 행동하도록 우리를 부르셨습니다.

또 하나의 신학적 이유는 8절에 서술되어 있습니다. "그러므로 저버리는 자는 사람을 저버림이 아니요 너희에게 그의 성령을 주신 하나님을 저버림이니라." 거룩하지 못한 삶과 행동은 하나님을 대적하는 것이요 나아가서는 성령을 대적하는 삶과 행위입니다. 우리 안에 성령이 들어오신 목적 가운데 하나는 우리가 거룩한 삶을 살고자할 때 그 삶을 가능하게 하는 권능의 원천이 되어 주시고자 하는 것입니다. 우리 안에 내주하시는 성령께 구하기만 하면 우리에게 충만하게 역사하셔서 우리가 거룩한 삶을 사는 것을 가능하게 해 주십니다. 우리 안에 거룩한 삶을 영위하는 것을 가능하게 해 주시는 능력이 있는데도 그 능력을 힘입을 생각을 하지 않고 불결한 삶 속에서 뒹구는 것은 하나님과 성령을 모독하는 일입니다.

게으르지 말고 일하라 (4:9-12)

9절부터 바울은 새로운 주제로 넘어갑니다. 새로운 주제를 말하기 전에 바울은 1장에서 3장까지 자신이 칭찬해 마지않았던 데살로니가교회 성도들의 신앙의 모습 가운데 하나를 다시 떠올립니다. 그것은 데살로니가교회 성도들이 사랑이 풍부한 성도들이었다는 것입니다. 바울은 9-10절에서 데살로니가교회 성도들을 형제 사랑이 풍부한 성도들이라고 말합니다. 우선 9절을 보겠습니다. "형제 사랑에 관하여는 너희에게 쓸 것이 없음은 너희들 자신이 하나님의 가르치심을 받아 서로 사랑함이라." 데살로니가교회 성도들은 이미 형제 사랑을 실천하고 있는 성도들이었습니다. "친히 하나님의 가르치심을 받았다"라는 말은 성령의 인도하심을 받았다는 뜻입니다. 데살로니가교회 성도들은 성령의 인도하심에 민감한 성도들이었다는 뜻이며, 성령의 인도하심은 기도를 통해서 이루어지므로 이 말은 기도하는 성도들이었다는 뜻입니다. 데살로니가교회 성도들의 형제 사랑은 데살로니가 시가 수도로 되어 있는 마게도냐 지방의 모든 형제를 향하여 베풀어졌다고 바울은 말하면서 현재의 실천에 만족하지 말고 더욱더 풍성한 사랑을 나타내기 위해 힘쓸 것을 권고합니다. 10절을 읽겠습니다. "너희가 온 마게도냐 모든 형제에 대하여 과연 이것을 행하도다 형제들아 권하노니 더욱 그렇게 행하고."

그런데 데살로니가교회 성도들의 사랑이 풍성하게 나타나는 과정에서 한 가지 문제가 발생했습니다. 이 문제는 4장 13절 이하에서 논의될 재림문제와 관계가 있습니다. 데살로니가교회 성도들이 풍성하게 사랑을 실천하여 교회식구들을 따뜻하게 돌보자, 일부 성도들에게 일종의 의타심 같은 것이 생겨서 일을 안 하고 다른 성도들의 도움으로 생활하고자 하는 경향이 나타난 것입니다. 이들이 이런 생각을 가지게 된 것은 재림에 대한 기대 때문이었습니다.

재림에 관한 예수님의 가르침 가운데는 "이 세대가 지나가기 전에 이 일이 다 일어나리라"^{마 24:34}라는 말씀이 있습니다. 예수님의 제자들은 예루살렘의 멸망과 세상 종말을 동일시하면서 세상 종말에는 어떤 일이 일어날 것인가를 물었습니다^{마 24:1-3}. 예수님은 세상 종말의 때와 예루살렘 멸망의 때를 구별하신 다음 예루살렘 멸망의 때는 임박했고, 예측할 수 있는 징조들이 있고 대비가 가능하다고 말쓰하셨습니다^{마 24:15-28}. 이 일은 실제로 한 세대 안에 이루어졌고, 실제로 예루살렘 교회 성도들은 예수님의 말씀대로 대비하여 예루살렘이 멸망할 때 모두 예루살렘 근교의 산으로 피신하여 화를 입지 않은 것으로 전해지고 있습니다. 그러나 세상 종말의 때는 알 수 없으며^{마 24:36} 예측도 불가능하다는 것이 예수님의 가르침의 핵심이었습니다.

이처럼 예수님의 가르침은 예루살렘의 멸망이 한 세대 안에 일어난다는 것이었는데, 이 가르침이 문맥에서 떠나 세상 종말 곧, 재림의 때가 한 세대 안에 이루어질 것이라는 예언으로 둔갑하여 "임박한 종말론"이 초대교회 당시에 유행하게 된 것입니다. 이 종말론이 데살로니가교회에도 전해져서 일부 성도들이 한 세대 안에 재림이 있을 것이라는 주장을 하게 된 것입니다. 이들은 자신들이 죽기 전에 주님이 재림하실 것이라고 믿었습니다. 이들은 곧 오실 주님을 맞이하기 위하여 일상적으로 하던 일을 중단하고 영적으로 특별한 준비를 해야 한다고 생각했습니다. 일하기를 중단하면 당장 생계가 문제가 되지 않겠습니까? 그런데 사랑이 풍성한 데살로니가교회 성도들이 이들의 생계 문제를 도와주었습니다. 이들은 자신들이 영적으로 특별한 재림준비에 몰두하고 있으니까 동료 성도들이 자신들의 생계 문제를 도와주는 것을 당연하다고 생각하고 사실상 놀고먹는 생활을 했던 것입니다. 이들의 태도는 데살로니가교회 성도들을 곤혹스럽게 했습니다.

바울은 이런 사정을 디모데로부터 보고받고 이 문제에 대한 권고를 11절부터 시작합니다. "또 너희에게 명한 것 같이 조용히 자기 일을 하고 너희 손으로 일하기를 힘쓰라." 바울의 첫 번째 권고는 "조용히 자기 일을 하라"라는 것입니다. 문제가 된 일부 성도들은 조용히 자신들이 하던 일을 이전과 다름없이 침착하게 계속하는 것이 재림의 때를 가장 훌륭하게 준비하는 것이라는 점을 간과하고 있었습니다.

미국 뉴잉글랜드 지방에서 어떤 교단의 총회가 열리고 있었습니다. 총회 도중에 정오가 되었을 때 갑자기 하늘이 어두워지면서 회의장이 캄캄해졌습니다. 이때 회의에 참석한 어떤 사람이 두려움에 사로잡힌 채 소리쳤습니다. "주님이 오신다. 세상 종말이 되었다." 갑자기 회의장이 어수선해지기 시작했습니다. 이때 나이가 든 총회장이 촛불을 가져오라고 지시를 내렸습니다. 총회장은 촛불을 가져다가 불을 켠 후 회의를 계속하도록 지시하면서 이렇게 말했습니다. "주님이 오셨을 때 주님께 우리가 해야 할 일을 계속하고 있는 모습을 보여드리는 것보다 더 좋은 모습이 어디에 있겠습니까?" 그렇습니다. 재림의 때를 준비하기 위하여 무엇인가 특별한 일을 한다고 허둥대는 것보다는, 평소에 해오던 일을 성실하게 하는 것이 가장 훌륭하게 재림을 맞을 준비를 하는 태도입니다.

같은 맥락에서 바울은 "너희 손으로 일하기를 힘쓰라"라고 권고합니다. 이 권고는 특히 일할 수 있는 여건이 되는데도 일손을 놓고 성도들의 사랑에 의지하여 생계를 유지하려고 하면서 재림의 때를 위한 어떤 특별한 준비를 한다고 허둥대는 성도들을 향하여 주는 권고입니다. 바울은 특히 손으로 하는 노동을 하라고 말합니다. 이 권고는 에베소서 4장 28절에도 등장합니다. "자기 손으로 수고하여 선한 일을 하라."

바울의 권고에서 우리는 두 가지 특징에 주목할 필요가 있습니다.

하나는 노동에 대한 바울의 생각이 그 당시의 일반적인 인식보다 훨씬 앞서 있었다는 것입니다. 바울 당시에 "손으로 노동하는 것"은 노예들이 하는 일이었습니다. 자유인은 손노동을 수치로 여겼습니다. 그러나 바울은 손으로 하는 노동을 권장하기를 주저하지 않았을 뿐만 아니라 바울 자신이 직접 손으로 하는 노동을 하면서 생활했습니다. 바울은 손으로 하는 노동이라 할지라도 노동은 신성한 것이라는 생각을 가지고 있었습니다.

다른 하나는 바울이 손노동을 계속할 것을 권장하는 것은 데살로니가교회 성도들 가운데 상당수가 손노동을 업으로 하는 사회의 하층계급 출신이었고 따라서 이들이 경제적으로 빈곤한 계층이었음을 보여줍니다. 바울이 로마의 귀족들을 향해서 손노동을 하도록 권고했을 리가 없습니다. 데살로니가교회 성도들 가운데 상당수가 손노동을 하면서 생계를 유지해야 하는 가난한 사람들이었기 때문에 바울은 아예 처음부터 경제적으로 이들에게 의지할 생각을 하지 않고 스스로 일해서 생계비를 충당할 생각을 한 것입니다.

바울은 12절에서 데살로니가교회 성도들이 이같이 행동해야 하는 이유는 교회밖에 있는 사람들에게 바른 모습을 보여주기 위함이라고 말합니다. "이는 외인에 대하여 단정히 행하고 또한 아무 궁핍함이 없게 하려 함이라." 성도들은 외인에게 단정히 행하는 모습을 보여주어야 합니다. 성도들이 재림의 때를 준비한다는 명분으로 일도 하지 않고 가정도 돌보지 않고 놀고먹는 모습을 교회밖에 있는 사람들이 보면 교회에 대하여 좋은 인상을 얻을 수 없을 것입니다. 성도들은 사람들의 눈치를 많이 보아야 하는 사람들입니다. 자신들의 행동이 이웃이나 사회에 어떤 악한 영향이나 불편을 끼치지 않는가를 항상 염두에 두면서 조심스럽게 행동해야 하는 사람들입니다.

6

재림의 시기

살전 4:13-5:11

바울은 4장 13절에 이르러서야 비로소 데살로니가교회에서 제기되었던 재림에 관련된 문제를 다룹니다. 이 부분은 서로 관련되어 있으면서도 성격이 다른 두 주제를 다룬 두 문단으로 나눌 수가 있습니다. 하나는 4장 13-18절로 재림 전에 죽은 성도들과 재림의 관계를 다루고 있으며, 5장 1-11절까지는 재림날짜와 재림을 준비하는 성도들의 태도를 다루고 있습니다.

재림 전에 죽은 성도 (4:13-18)

데살로니가교회 성도들 가운데 일부는 임박한 재림을 기다리고 있었습니다. 이들은 자신들의 생애가 끝나기 전에 재림이 있으리라고 기대했던 것 같습니다. 그런데 바울이 데살로니가를 떠난 이후에 성도들 가운데 일부가 세상을 떠나는 일이 발생했습니다. 복음을 받아들여 개종하고 난 이후에 처음으로 성도들의 죽음에 직면한 데살로니가교회 성도들은 당황했던 것으로 보입니다. 바울 일행이 이곳에서 사역하던 기간이 너무 짧았기 때문에 성도들에게 이 같은 돌발 사태를 다루는 법까지 가르칠 여유가 없었던 것입니다.

성도들의 죽음은 데살로니가교회 성도들에게 두 가지 어려움을 안겨 주었습니다. 하나의 어려움은 같이 신앙생활을 하던 성도들과 사별함으로써 남은 성도들의 마음에 깊은 슬픔과 낙심이 찾아온 것입니다. 데살로니가교회 성도들은 이방세계로부터 개종한 지 얼마 되지 않은 성도들로서 죽음의 문제를 복음 안에서 이해하고 다루기에는 미숙했습니다. 다른 문제는 데살로니가교회 성도들이 살아서 주님이 재림하시는 영광스러운 광경을 맞이하는 축복에 참여하는 것을 소망했던 것과 관계가 있습니다. 이 소망을 가지고 있던 성도들 가운데 일부가 재림을 맞이하기 전에 죽어 이 꿈이 무산되어 버리고 만 것입니다. 물론 데살로니가교회 성도들이 영생을 의심했던 것은 아닙니다. 그러나 이들은 재림 전에 죽어 재림의 순간을 놓친 사람들은 살아서 재림의 순간을 맞이하는 자들과 비교할 때 어떤 불이익을 당하는 것이 아닌가 하는 우려를 떨쳐버릴 수가 없었습니다. 바울은 이 두 문제에 대하여 18절까지 답변합니다.

바울은 먼저 13절에서 동료 성도들의 죽음으로 인하여 슬픔에 잠긴 데살로니가교회 성도들을 위로하면서 가르침을 시작합니다. "형제들아 자는 자들에 관하여는 너희가 알지 못함을 우리가 원하지 아니하노니 이는 소망 없는 다른 이와 같이 슬퍼하지 않게 하려 함이라." "자는 자들"은 바울 일행이 떠난 후에 죽은 성도들을 말합니다. "소망 없는 다른 이들"은 예수님을 믿지 않는 이방인들을 말합니다. 예수님을 믿지 않는 이방인들은 죽음을 맞이하면 슬픔과 절망감에 깊이 빠지는 것이 특징인데, 성도들은 이들처럼 슬퍼해서는 안 된다는 것입니다.

죽음을 이해하고 받아들이는 태도에 있어서 고대 이방세계와 기독교는 아주 달랐습니다. 이방세계가 사후세계의 존재를 완전히 부인한 것은 아닙니다. 그러나 그렇다고 해서 사후세계에 대하여 분명한 확신이 있었던 것도 아닙니다. 사후세계에 대한 이방세계의 태도는 막연하고 모호하며 확신이 없는 것이 특징이었습니다. 모호하게나마 죽음 이후의 세계에 대하여 생각할 수 있는 사람들은 극소수의 철학자들이나 종교가들뿐이었고, 대부분 평민은 죽음 앞에서 한없이 슬퍼할 뿐이었습니다.

그러나 기독교인들은 죽음에 대해서 이방인들처럼 슬퍼하고 절망에 사로잡혀서는 안 되는데, 바울은 그 이유를 14절에서 말합니다. "우리가 예수께서 죽으셨다가 다시 살아나심을 믿을진대 이와 같이 예수 안에서 자는 자들도 하나님이 그와 함께 데리고 오시리라." 바울은 성도가 죽음을 맞이해서도 이방인들처럼 소망 없이 슬퍼해서는 안 되는 이유를 예수 그리스도의 죽음과 부활 사건에 근거하여 설명하기 시작합니다. 예수 그리스도께서 죽으셨습니다. 그러나 예수 그리스도는 죽음을 이기고 부활하셨습니다. 예수 그리스도께서 죽으신 것은 실제 있었던 사건이요, 죽음을 이기고 부활하신 것도 실제 있었던 사건입니다. 사람이 죽었다가 살아난 일이 실제로 있었다는 사실만으로도 벌써 죽음에 대하여 지나치게 절망하고 슬퍼하지 않을 수 있는 가능성이 보이기 시작합니다.

예수 그리스도의 부활은 예수 그리스도 한 사람의 부활로 끝나는 것이 아닙니다. 고린도전서 15장 20절은 이렇게 말합니다. "그러나 이제 그리스도께서 죽은 자 가운데서 다시 살아나사 잠자는 자들의 첫 열매가 되셨도다." "잠자는 자들"은 죽은 성도들을 가리킵니다. 부활하신 그리스도가 잠자는 자들의 첫 열매가 되셨다는 말은 무슨 뜻입니까? 과일나무에 첫 열매가 열리기 시작한 것이 곧이어 헤아릴 수 없이 많은 열매가 열릴 것을 예고해 주는 것처럼, 예수님의 부활이 잠자는 자들의 첫 열매라는 말은 잠자는 자들 - 죽은 자들 - 도 예수님처럼 부활할 것을 예고합니다. 그리스도께서 부활하신 사건은 죽은 성도들이 장차 줄줄이 다 부활할 것을 보증해 준다는 것입니다. 이제 성도들이 죽음 앞에서 소망 없이 슬퍼할 이유가 없어집니다. 물론 상당한 기간 이별하여 이 세상에 살면서 그 모습을 볼 수 없다는 사실은 기독교인을 슬프게 합니다. 그러나 성도는 동료 성도들의 죽음을 맞이하여 이별의 슬픔을 깊이 느끼면서도 부활의 소망과 다시 만나게 될 날에 대한 기대와 소망을 잃지 않는 자들입니다.

이처럼 죽음이 성도를 절망으로 몰아넣기만 하는 것은 아니기 때문에 바울은 죽음을 "예수 안에서 자는 것"으로 묘사합니다. 이방세계에서도 죽음을 잠으로 표현하는 경우가 있습니다. 그러나 이방세계가 죽음을 잠으로 표현할 때는 한번 자면 다시 깨어날 수 없는 영원한 수면상태 속으로 들어가는 것으로 이해했습니다. 그러므로 이방세계는 죽음을 잠으로 비유하면서도 죽음에 뒤따르는 절망을 극복할 수가 없었습니다.

그러나 잠이 기독교에서 비유로 사용될 때는 잠이 지닌 다른 특징이 죽음의 의미를 설명하는데 이용됩니다. 잠의 특징은 두 가지입니다. 첫째로, 잠자는 자는 영원히 잠 속에 머물러 있는 법이 없고, 언젠가는 깨어납니다. 사람들은 잠자는 자를 볼 때 그가 일정한 시간이 지난 후에는 다시 깨어날 것을 기대합니다. 잠자는 자가 깨어나는 것처럼 죽은 사람도 일정한 시간이 지나면 반드시 부활합니다. 둘째로, 잠을 두려워하는 사람은 없습니다. 잠은 감미로운 것이요, 피곤한 육신에 휴식을 주는 오아시스요, 단잠을 자는 것은 하나님의 은혜이기도 합니다. 죽음이 잠에 비유된다는 것은 죽음이 하나님의 백성에게 있어서는 더 이상 두려움의 대상이 될 수 없다는 뜻입니다. 성도에게 있어서 죽음은 공포와 슬픔과 절망의 순간이 아니라 감미로움과 휴식과 하나님의 은혜에 들어가는 시간입니다. 죽음은 이방세계에 사는 사람들에게는 독침이 있는 벌이었으나 기독교인에게는 독침이 제거된 벌일 뿐입니다. 독침이 제거된 벌은 무섭지 않습니다. 그러므로 바울은 고린도전서 15장 55절에서 죽음을 독침이 제거된 벌에 비유하면서 "사망아 네가 쏘는 것이 어디 있느냐"라고 말합니다.

마침내 바울은 14절에서 예수 안에서 죽은 자들이 소망을 잃지 말아야 할 결정적인 이유를 말합니다. "우리가 예수께서 죽으셨다가 다시 살아나심을 믿을진대 이와 같이 예수 안에서 자는 자들도 하나님이 그와 함께 데리고 오시리라." '데리고 오신다'라는 말은 끌어내어 오신다는 뜻입니다. 어디서부터 끌어내어 오실까요? 죽음의 세계로부터 끌어내어 오신다는 말입니다. 예수 그리스도를 죽음에서 살려내신 하나님께서 재림 때가 되면 죽은 성도들도 죽음으로부터 끌어내서 재림의 영광에 참여하도록 하실 것입니다. 그러므로 재림 전에 죽은 자들이 결코 재림의 영광에 참여하지 못할까 걱정할 필요가 없습니다. 15절은 살아서 재림을 맞이하는 사람이나 죽어서 재림을 맞이하는 사람이나 재림의 영광에 참여함에 있어서는 아무런 차별도 있을 수 없다고 말합니다. "우리가 주의 말씀으로 너희에게 이것을 말하노니 주께서 강림하실 때까지 우리 살아 남아 있는 자도 자는 자보다 결코 앞서지 못하리라."

바울은 16절과 17절에서 재림 시에 하나님이 어떻게 죽은 자들뿐만 아니라 모든 성도를 죽음으로부터 끌어내 오는가를 묘사합니다. "주께서 호령과 천사장의 소리와 하나님의 나팔소리로 친히 하늘로부터 강림하시리니 그리스도 안에서 죽은 자들이 먼저 일어나고 그 후에 우리 살아 남은 자들도 그들과 함께 구름 속으로 끌어 올려 공중에서 주를 영접하게 하시리니 그리하여 우리가 항상 주와 함께 있으리라." 이 본문은 재림 때에 일어날 광경을 그림과 같은 언어 곧, 회화적인 언어로 묘사합니다. 호령과 천사장의 소리와 구원의 나팔소리가 들리면 곧이어 주님이 하늘로부터 강림하십니다. 여기서 주는 예수 그리스도를 말합니다. 이때 두 가지 사건이 동시에 일어나는데, 그리스도 안에서 죽은 자들이 먼저 일어납니다. 이 말로써 바울은 재림 전에 죽은 성도들이 재림사건 때에 어떤 불이익을 당할지도 모른다는 견해를 불식시킵니다. 불이익을 당하는 것이 아니라 먼저 죽음으로부터 일어남으로써 오히려 살아남아 있는 자들보다 먼저 영광에 참여하기 시작합니다.

우리가 이 본문을 다룰 때 주의해야 할 점이 있습니다. 이 본문에 보면 "그리스도 안에서 죽은 자들이 일어날 것"만을 말하고 그리스도 밖에 있는 자들의 부활에 대해서는 아무런 언명이 없습니다. 그러나 이 본문에 불신자의 부활에 대한 언명이 없다고 해서 불신자의 부활이 없다고 단정하는 것은 매우 잘못된 추론입니다. 이 본문의 기록 목적은 재림 전에 죽은 성도들의 문제에 대한 답변을 주고자 하는 것이기 때문에 본문에서는 죽은 신자들만을 다루고 있는 것입니다. 본문은 불신자의 부활을 다루는 본문이 아닙니다. 불신자의 부활에 대해서는 다른 본문을 참고해야 합니다. 그 대표적인 본문들은 다니엘서 12장 2절, 요한복음 5장 28-29절, 사도행전 24장 15절입니다. "땅의 티끌 가운데에서 자는 자 중에서 많은 사람이 깨어나 영생을 받는 자도 있겠고 수치를 당하여서 영원히 부끄러움을 당할 자도 있을 것이며"단 12:2. "이를 놀랍게 여기지 말라 무덤 속에 있는 자가 다 그의 음성을 들을 때가 오나니 선한 일을 행한 자는 생명의 부활로, 악한 일을 행한 자는 심판의 부활로 나오리라"요 5:28-29. "그들이 기다리는 바 하나님께 향한 소망을 나도 가졌으니 곧 의인과 악인의 부활이 있으리라 함이니이다"행 24:15. 이상의 본문들은 의심할 여지없이 신자의 부활과 더불어 불신자의 부활도 예고하고 있습니다.

바울은 죽은 성도들이 먼저 일어나고 난 후에 이 성도들과 살아남아 있는 성도들이 함께 구름 속으로 끌어 올림을 받는다고 말합니다. 구름은 자연현상으로 나타나는 구름을 가리키는 것이 아니라 하나님의 임재를 상징하는 기적의 구름입니다. 하나님이 이스라엘 백성에게 율법을 주시기 위하여 강림하셨을 때 하나님의 임재의 상징으로 빽빽한 구름이 나타났습니다출 19:16. 모세가 율법을 받기 위하여 산으로 올라갔을 때 구름이 온통 산을 가렸습니다출 24:15-18. 광야에서 성막을 완성했을 때나출 40:34, 성전을 완공했을 때도 구름이 나타났습니다왕상 8:10-11. 산 위에 오르신 예수님의 모습이 변형되고 성부 하나님이 강림하셨을 때 구름이 나타났고막 9:7, 예수님이 승천하실 때에도 구름이 나타났습니다행 1:9.

예수님이 재림하실 때 성도들은 하나님의 임재의 영광이 충만해 있는 공중으로 끌어 올림을 받습니다. 여기서 끌어 올린다는 말은 전광석화와 같은 빠른 속도와 동작으로 낚아채서 데리고 가는 모습을 묘사한 표현입니다. 마치 독수리가 먹이를 발견한 후에 쏜살같이 내려 덮쳐서 먹이를 낚아챈 후 둥지로 가져가는 모습을 연상시킵니다. 사람들은 이 모습을 휴거라고 말하기도 합니다. 공중으로 끌어 올림을 받은 성도들은 공중에서 주님을 영접한 후에 주님과 함께 영생에 들어갑니다. 바울은 이상의 설명을 통해 재림 전에 먼저 죽은 성도들에 관련된 의문이 풀렸다고 생각하고 18절에서 "이러한 말로 서로 위로하라"라고 권면한 뒤에 단락을 매듭짓습니다.

예기치 않은 순간에 임하는 재림 (5:1-3)

데살로니가교회의 일부 성도들은 임박한 재림을 준비하기 위해서는 일상적인 일만 해서는 안 되고 무언가 특별한 일을 해야 한다는 강박관념에 사로잡혀 있었습니다. 이들은 일상의 일을 멈추고 다른 성도들이 제공하는 물질적인 도움에 기대어 한때를 지내려고 했습니다. 바울은 4장 11절에서 일상적인 일을 성실하게 계속하는 것이 훌륭한 재림의 준비가 된다는 것을 밝힌 바 있습니다. 5장 1-11절은 재림의 시기 문제를 말하면서 일상의 일을 계속하는 것이 재림을 위한 가장 훌륭한 준비 작업이라는 점을 보다 상세하게 설명합니다.

먼저 바울은 재림의 때에 관하여 말합니다. 바울은 재림의 때에 대해서는 데살로니가에서 사역할 때 이미 충분히 가르친 바 있음을 상기시키면서 기왕에 가르친 내용을 1절과 2절에서 다시 강조합니다. "형제들아 때와 시기에 관하여는 너희에게 쓸 것이 없음은 주의 날이 밤에 도둑같이 이를 줄을 너희 자신이 자세히 알기 때문이라." 본문에서 때와 시기라는 표현이 등장하는데, 사도행전 1장 7절에도 재림의 시기와 관련하여 때와 시기라는 표현이 등장합니다. 때는 일정하게 계속되는 기간을 말하고 시기는 정해진 한 시점을 말합니다. 그러므로 "때와 시기에 관하여는"이라는 구절은 "재림의 시기까지 얼마나 오랜 기간이 경과할 것이며_때, 정확하게 어느 날짜에 올 것인가_{시기}에 관하여는"이라는 의미를 담고 있습니다. 이 문제에 대한 바울의 답변은 "밤에 도둑같이"로 요약됩니다. "밤"은 때에 대한 답변이고 "도둑같이"는 시기에 대한 답변입니다. 재림은 밤이라는 긴 시간의 환경 안에서 도둑 같은 방법으로 임한다는 것입니다.

밤은 모든 사람이 잠든 시간입니다. 밤은 비유로서 영적이고 도덕적인 어두움을 상징합니다. 재림의 때가 가까워져 오면 시대는 더욱 악해지고 어두워질 것입니다. 많은 사람이 영적으로 그리고 도덕적으로 잠을 잘 것입니다. 이런 환경이 상당히 길게 계속될 것입니다. 영적이고 도덕적인 어두움이 오래 계속되는 것을 보고 재림의 시점이 가까이 오고 있다고 생각해도 무방합니다. 그러나 재림의 시점은 정확히 예측할 수가 없습니다. 왜냐하면 재림은 마치 밤에 도둑이 오는 것과 같이 임할 것이기 때문입니다. 방문 시점을 예고해 놓고 침입하는 도둑은 없습니다. 도둑의 특징은 예기치 못한 시점에 온다는 것입니다.

3절은 예기치 않은 순간에 갑자기 임하는 재림의 날을 여인에게 해산의 고통이 예기치 않은 순간에 찾아오는 것에 비유하여 더 생생히 묘사합니다. "그들이 평안하다, 안전하다 할 그 때에 임신한 여자에게 해산의 고통이 이름과 같이 멸망이 갑자기 그들에게 이르리니 결코 피하지 못하리라." 임신한 여인의 배가 점점 불러오는 것은 상당한 시일이 소요됩니다. 임산부의 배가 점차 불러오는 것을 보고 출산의 시점이 다가오고 있는 것 정도는 감지할 수 있습니다. 그러나 정확한 출산 시점은 예기치 않은 시기에 옵니다.

오랫동안, 서서히, 사람들이 영적이고 도덕적인 어두움에 더 깊이 사로잡혀 가는 것을 보면서 예수님의 재림이 가까워지고 있음을 알 수 있습니다. 그러나 예수님의 재림의 정확한 시점은 예측할 수 없습니다.

깨어 있는 삶이 최선의 재림준비 (5:4-11)

재림은 예기치 않은 시기에, 온 세상이 영적이고 도덕적인 어두움으로 가득 차 있는 날에, 갑자기 임한다는 진리를 강조한 후, 바울은 재림을 기다리는 성도들의 삶의 모습은 어떠해야 하며, 그렇게 살아야 하는 신학적인 이유가 무엇인가를 말합니다.

바울은 4-8절에서 성도들은 어두움과 밤에 속한 자가 아니라 낮과 빛에 속한 자이므로 낮과 빛에 부합하는 삶을 살아야 한다는 점을 강조합니다. 4절과 5절을 보겠습니다. "형제들아 너희는 어둠에 있지 아니하매 그 날이 도둑 같이 너희에게 임하지 못하리니 너희는 다 빛의 아들이요 낮의 아들이라 우리가 밤이나 어둠에 속하지 아니하나니." 이 본문은 성도들의 현재의 신분과 상태를 묘사하고 있습니다.

본문에는 두 개의 커다란 영역이 등장합니다.

하나는 어두움으로 가득 찬 캄캄한 밤의 영역입니다. 이 영역은 사탄이 지배하는 세상 나라이며, 죽음의 권세가 지배하는 곳입니다.

다른 또 하나의 영역은 하나님이 왕으로 다스리시는 영역으로서, 하나님의 거룩과 사랑의 빛이 충만하게 가득 찬 영역입니다. 그런데 성도들은 어두움의 영역으로부터 빛의 영역으로 이동을 한 자들입니다. 성도들은 하나님의 거룩과 사랑의 빛 안에서 그 빛의 비추임과 그 빛이 주는 혜택을 받으면서 살아가는 자들입니다. 그러면 성도들은 어떻게 어두움의 영역으로부터 빛의 영역으로 이동을 했습니까? 오직 하나님의 은혜로입니다.

본문은 데살로니가교회 성도들을 "다" 빛의 아들이라고 부르기를 주저하지 않습니다. 바울은 재림문제에 대하여 오해하면서 일하기를 싫어하고 게으름피우는 일부 성도들까지도 빛의 아들이라고 부르기를 주저하지 않습니다. 이들의 문제는 빛의 아들이 아닌 데 있는 것이 아니라 빛의 아들임에도 불구하고 빛의 아들답게 살지 않는 데 있습니다. 왜 이들까지도 빛의 아들이라고 부르기를 주저하지 않습니까? 그 이유는 이들이 빛의 아들에 합당한 삶을 살았기 때문에 빛의 아들이 된 것이 아니라 오직 하나님의 은혜로 빛의 아들이 되었기 때문입니다.

4절과 5절에서 성도들의 현재 신분이 빛의 아들임을 묘사한 바울은 6절에서는 빛의 아들이라는 신분에 합당한 삶이 어떤 것인가를 말합니다. "그러므로 우리는 다른 이들과 같이 자지 말고 오직 깨어 정신을 차릴지라." '깨어 있는 것'은 낮에 어울리는 행동입니다. 햇볕이 환하게 비추면 잠을 잘 수가 없습니다. '정신을 차리는 것'은 행동을 절제하고 조심하는 것을 말합니다. 빛이 사방에 밝게 비추면서 모습을 적나라하게 드러내니까 행동에 절제하고 조심할 수밖에 없습니다. 영적으로나 도덕적으로 깨어서 행동을 절제하고 조심하는 것이 빛의 아들에게 합당한 행동입니다.

7절에서는 빛의 아들과 대조되는 어두움의 아들에게서 자연스럽게 나타나는 행동이 어떤 것인가를 묘사합니다. "자는 자들은 밤에 자고 취하는 자들은 밤에 취하되." 밤이 되면 사람들은 잠을 잡니다. 밤이 되면 행동이 드러나지 않으니까 긴장이 풀어져서 사람들의 눈치를 보지 않고 술에 취할 수 있습니다. 영적이고 도덕적인 잠에 빠져서 절제력을 잃고 행동하는 것은 어둠의 아들의 특징입니다.

8절부터 바울은 낮에 속한 자로서 합당한 삶을 살아야 한다는 교훈을, 표현을 달리해서 재차 강조합니다. "우리는 낮에 속하였으니 정신을 차리고 믿음과 사랑의 호심경을 붙이고 구원의 소망의 투구를 쓰자." 이 구절을 잘 보면 1장 3절에 등장했던 세 단어 '믿음-사랑-소망'이 다시 나오는 것을 확인할 수 있습니다. "믿음," "사랑의 호심경," "구원의 소망의 투구." 1장 3절을 공부하면서 이미 강조했던 것처럼 믿음은 성도의 과거에 초점을 맞춘 표현으로서 성도들이 어떻게 하나님의 자녀가 되었는가를 농축한 표현입니다. 사랑은 구원받은 성도들의 현재의 삶의 모습을 농축한 표현으로서 구원받은 성도들의 삶은 사랑을 실천하는 것임을 강조합니다. 소망은 성도의 미래에 초점을 맞춘 표현으로서 재림과 재림 이후에 찾아올 영화로운 삶을 강조하는 표현입니다. 호심경과 투구는 군인들이 지니고 다니는 방어용 장비들입니다. 성도들은 믿음, 사랑, 소망의 장비들로 무장하고 어두움에 장악된 세상에 나아가서 어두움의 세력에 대항하여 싸우는 영적인 군사들입니다.

바울은 9절에서 후일 다른 서신들을 통하여 더 풍부하고 깊게 서술하게 될 구원의 원리의 일단을 드러냅니다. "하나님이 우리를 세우심은 노하심에 이르게 하심이 아니요 오직 우리 주 예수 그리스도로 말미암아 구원을 받게 하심이라." 바울은 하나님이 우리를 노하심 곧, 심판에 이르게 하지 않으시고 구원에 이르게끔 정해 놓으셨다고 말합니다. 이 본문에 사용되는 "세우셨다"라는 표현은 어떤 일을 하도록 또는 어떤 상태에 이르도록 미리 지정해 놓으셨다는 뜻입니다. 이 본문이 말하는 중요한 사상은 우리가 구원받게 된 것은 우리 자신의 의지나 뜻에 의한 것이 아니라 하나님이 미리 정하신 계획에 따라서 이루어진 일이라는 것입니다. 하나님의 구원계획은 예수 그리스도를 통하여 이루어지는 것이지 인간의 어떤 행위나 업적을 통하여 이루어진 것이 아님을 본문은 계속해서 강조합니다.

바울은 10-11절에서 재림 이전에 죽은 성도들이나 살아서 재림을 맞이하는 성도들이나 주와 함께 사는 축복에 참여한다는 점에 있어서는 차별이 없음을 강조함으로써 일부 데살로니가교회 성도들의 우려를 불식시키는 것으로 문단을 마무리 짓습니다. "예수께서 우리를 위하여 죽으사 우리로 하여금 깨어 있든지 자든지 자기와 함께 살게 하려 하셨느니라 그러므로 피차 권면하고 피차 덕을 세우기를 너희가 하는 것 같이 하라." 이 구절에서 말하는 "깨든지 자든지"는 6-7절에서 말하는 깬다거나 잔다는 것과는 의미가 다릅니다. 6-7절에서는 윤리적인 상징으로 사용되어 깬다는 말은 정신 차리고 바른 생활을 하는 것을 뜻하고, 잔다는 것은 정신을 차리지 못한 채 영적 도덕적으로 바르지 못한 삶을 사는 것을 뜻합니다. 그러나 이 본문에서는 교리적인 상징으로 사용됩니다. "깬 자"는 예수님이 재림하실 때 살아있는 자를 말하고 "자는 자"는 예수님이 재림하실 때 죽어 있는 자를 뜻합니다. 예수 그리스도의 죽으심 곧, 십자가 사건에 근거하여 주어지는 주님과 함께 하는 삶에는 재림 전에 죽은 자나 살아서 재림을 맞이하는 사람이나 아무런 차이가 없다는 것입니다. 따라서 이 말로서 서로를 권면하여 불필요한 우려와 불안으로부터 벗어날 것을 권고하면서 바울은 문단을 마무리 짓습니다.

I Thessalonians

7

교회생활에
관한 교훈

─────────

살전 5:12-28

바울은 5장 11절까지를 서술한 후 디모데를 통하여 전해 들은 데살로니가교회의 몇 가지 중요한 문제들에 대해서는 충분한 답변이 주어졌다고 보았습니다. 이제 서신을 마무리하기 전에 데살로니가교회 성도들에게 유익하다고 판단되는 교회생활에 관한 몇 가지 일반적인 윤리적 교훈들을 12절부터 22절까지 간단히 언급하고, 23절과 24절에서 데살로니가교회를 위하여 기도한 후, 25절부터 28절까지 마지막 인사를 하는 것으로 서신을 마무리합니다. 12절에서 22절은 세 가지 주제를 다루고 있습니다. 12절과 13절은 성도들이 교회 지도자를 대하는 자세, 14절과 15절은 성도들 상호 간의 관계, 그리고 16절부터 22절까지는 성도들 개인의 생활을 다룹니다.

지도자와 지도받는 자 (5:12-13)

사도행전 14장 23절에 기록되어 있는 것처럼 바울은 선교여행 중에 교회가 설립되면 장로들을 세워서 자신이 떠난 후에 성도들의 신앙생활을 지도하도록 배려했습니다. 이 같은 관례에 따라서 바울은 데살로니가교회에서도 성도들 중에 신앙과 덕망이 있는 자를 뽑아서 장로로 세웠습니다. 이들은 개종한 직후에 지도자로 임명되었기 때문에 교인들을 지도하는 일에 미숙했을 가능성이 있습니다. 교인들 간의 관계가 좋을 때는 문제가 없지만 교인들에게 문제가 발생하여 책망하고 훈계해야 하는 때가 되면 문제가 생길 수 있습니다. 조금 전까지만 해도 동등한 입장에서 말하고 생각하던 사람이 갑자기 지도자의 위치에 올라서서 훈계할 때 이 훈계를 받아들이기는 쉬운 일이 아닙니다. 아마도 임박한 재림을 기다린다고 하면서 일을 하지 않고 다른 성도들에게 의지하여 생계를 해결하려고 하는 사람들에게 이 장로들이 훈계했던 것 같습니다. 그러나 문제가 된 성도들은 장로들의 훈계를 받아들이려고 하지 않았습니다.

"형제들아 우리가 너희에게 구하노니 너희 가운데서 수고하고 주 안에서 너희를 다스리며 권하는 자들을 너희가 알고"12절. "형제들아 우리가 너희에게 구하노니"라는 구절은 새로운 주제가 시작된다는 것을 알리는 전환 어구입니다. "주 안에서 수고하고 주 안에서 너희를 다스리며 권하는 자들"은 데살로니가교회의 장로들을 염두에 둔 것입니다.

데살로니가교회 지도자들을 수식한 형용사들을 모아 보면 우리는 교인들의 존경을 받는 교회 지도자들이 어떤 자들인가를 알 수 있습니다. 우선 교회 지도자들은 '수고하는 자들'입니다. '수고한다'라는 말은 성도들을 위하여 희생적으로 일한다는 뜻입니다. 또한 이들은 '다스리는 자들'입니다. 다스린다는 말은 지도한다는 의미도 있지만 돌본다, 보호한다는 의미도 있습니다. 교회 지도자들은 군림하고 권위를 내세우는 자들이 아니라 따뜻한 마음으로 돌보는 자들입니다. 그러나 지도자의 일은 여기서 끝나지 않습니다. '권하는 일'도 지도자들이 해야 할 일에 포함됩니다. 권한다는 말은 '바른길을 보여 준다'라는 뜻입니다. 지도자는 교인들이 잘못된 길을 갈 때는 그 길이 틀렸다는 것을 지적해 주고 바른길로 가도록 권면하고 훈계해야 합니다. 이 특징들을 정리해 보면 교회 지도자는 교회를 위하여 수고하고 따뜻한 마음으로 교인들을 돌보지만 교인들이 그릇된 길로 갈 때는 따끔하게 지적해 주고 바른길을 가르쳐 주는 사람입니다.

바울은 이런 일을 하는 지도자들에 대해서 성도들이 "알라"라고 권고합니다. 안다는 말은 '인정한다, 존중한다'라는 뜻입니다. 성도들은 지도자의 역할을 성실하게 하는 지도자들을 마땅히 인정하고 존중해야 한다는 것입니다. 그 지도자들이 비록 자신들처럼 신앙 연륜이 짧고 얼마 전까지만 해도 자신들과 동등한 입장에 있던 자들이라 할지라도 지도자로 임명받은 이후에는 깍듯이 존중해 주라는 것입니다. 이런 경우에 성도들이 지도자를 자발적으로 존중해 주지 않으면 지도자의 역할을 수행하기가 아주 힘들어질 수 있습니다. 한편에서는 지도자가 성도들을 위하여 수고하고 따뜻한 사랑으로 돌보고 항상 바른길을 보여주기 위해 힘쓰고, 다른 한편에서는 성도들이 지도자들을 진심으로 인정해 주고 존중해 줄 때 바람직한 교회의 모습이 형성됩니다.

바울의 권고는 13절에서 계속됩니다. "그들의 역사로 말미암아 사랑 안에서 가장 귀히 여기며 너희끼리 화목하라." 바울은 성도들 가운데서도 특히 지도자들을 가장 귀하게 여기라고 거듭 권고하면서 무엇 때문에 그리고 어떤 태도로 그들을 귀하게 여길 것인가를 말합니다.

첫째로, 무엇 때문에 지도자들을 귀하게 여겨야 할까요? 본문은 "그들의 역사로 말미암아" 지도자들을 귀하게 여기라고 권고합니다. 이 권고는 매우 중요합니다. 지도자를 귀하게 여겨야 하는 이유는 성도가 지도자에 대하여 가진 호감이나 지도자의 탁월한 인품에 근거해서는 안 되고, 지도자가 수행하는 직무에 근거해야 합니다. 성도들은 지도자가 주어진 직무를 성실하게 수행하고 있는가의 여부를 중시하여 지도자를 귀하게 여길 수 있어야 합니다.

둘째로, 개인적으로 좋아하지도 않고, 인품이나 능력도 그저 그런 사람을 지도자로 존중하려고 하면 "사랑하는 마음"이 있어야 합니다. 지도자에 대해서도 아가페의 사랑을 가질 때 그가 서툴고 미숙해도 존중할 수 있습니다. 성숙하고 생각이 깊은 성도는 설교도 서툴고 교회운영도 여러 가지로 미숙하지만, 진실하고 성실하게 주신 직분을 감당하려고 애쓰는 지도자를 존중하고 세워주는 성도입니다. 교회 지도자들 가운데는 정말로 설교도 잘하고 능력도 있고 지도력도 있는 걸출한 사람들이 있습니다. 그러나 모든 지도자가 탁월한 설교자가 될 수 없으며, 탁월한 인품의 소유자가 될 수도 없습니다. 그런 사람들은 극소수에 지나지 않고 대부분의 지도자는 그다지 뛰어나지 않고 그저 평범한 자들입니다. 평범하고 미숙한 지도자들을 도와 교회를 세워나가는 성도들이 필요합니다.

셋째로, 바울은 지도자들과 다른 교회 회원들을 향하여 "너희끼리 화목하라"라는 권고를 덧붙임으로써 지도자에 대한 성도들의 태도에 관한 교훈을 마무리합니다. 본문이 말하는 "너희"는 지도를 받는 성도들 상호관계를 뜻하는 것이 아니라 지도자와 지도를 받는 성도의 관계를 뜻합니다. 지도자와 지도를 받는 성도의 관계를 "너희끼리"라고 호칭한 것은 두 그룹의 관계는 위계적인 관계가 아니라 동등하고 대등한 관계라는 뜻입니다. 지도를 받는 자는 어떤 위계질서 때문에 지도자를 존중하는 것이 아니고 "그들의 역사로 말미암아" 곧, 지도자에게 맡겨진 직분과 그 직분을 수행하기 위한 노력을 보고 그를 존중해야 합니다. 지도자와 지도받는 자들 사이에 화목이 이루어지느냐의 여부는 곧 교회가 화목할 수 있느냐를 결정하는 바로미터이기 때문에 바울은 지도자에 대한 태도를 말하면서 화목하도록 권고하는 것입니다.

동료 성도와의 관계 (5:14-15)

14절과 15절에서는 성도들 사이의 관계에 필요한 가르침이 제시됩니다. "또 형제들아 너희를 권면하노니 게으른 자들을 권계하며 마음이 약한 자들을 격려하고 힘이 없는 자들을 붙들어 주며 모든 사람에게 오래 참으라"14절. "또 형제들아 너희를 권면하노니"라는 표현은 역시 새로운 주제가 시작됨을 알리는 표현입니다. "게으른 자들"이라는 표현은 군대에서 사용하는 용어로서, 대오에서 이탈하여 제멋대로 행동하는 자들을 가리킵니다. 이들은 하나님 나라의 백성이 지켜야 할 질서와 행렬을 마음대로 벗어나서 자기 생각에 좋은 대로 행동하는 자들입니다. 데살로니가교회의 상황에서는 임박한 재림을 준비한다는 핑계로 일손을 놓고 다른 성도들의 도움에 의지해서 지내는 일부 성도들을 염두에 둔 것입니다. "마음이 약한 자들"은 실의에 쉽게 빠지는 사람들을 가리킵니다. 실의에 쉽게 빠지는 사람들을 격려해서 실의를 극복할 수 있도록 도와주는 것은 성도의 의무입니다. "힘이 없는 자들"은 믿음이 약한 자들을 가리킵니다. 믿음이 약한 자들은 믿음이 약해지고 흔들릴 때 언제든지 옆에서 붙들어 줄 수 있는 동료 성도들이 있다는 강한 소속감을 가질 수 있어야 합니다. "모든 사람에게 오래 참으라." 특히 마음이 약한 자들과 믿음의 힘이 없는 자들을 옆에서 붙들어 주려면 인내가 필요합니다. 12-13절에서 가르친 것처럼 미숙한 지도자들을 존중하고 따르기 위해서도 또한 인내가 필요합니다.

그런데 데살로니가교회 성도들에게는 정말로 커다란 인내가 필요한 일이 또 있었습니다. 유대인들과 이들의 사주를 받은 이방인들이 가하는 핍박을 견뎌내는 일이었습니다. 데살로니가교회 교인들은 이들을 어떻게 대해야 할까요? 이들에 대해서도 '참아야' 합니다. 데살로니가교회 성도들은 미숙하고 서투른 지도자들에 대해서, 약하고 어린 동료 성도들에 대해서, 그리고 핍박을 가하는 대적들에 대해서 모두 참으라고 권고받고 있는 것입니다.

핍박하고 괴롭히는 자들에 대한 태도는 중요한 문제이기 때문에 15절에서 특정하여 다룹니다. "삼가 누가 누구에게든지 악으로 악을 갚지 말게 하고 서로 대하든지 모든 사람을 대하든지 항상 선을 따르라." 바울의 가르침은 "하지 말라"라는 소극적인 명령을 서술한 다음 "하라"라는 적극적인 명령을 서술하는 형태로 되어 있습니다.

악을 행한 자에게 악으로 갚지 말라는 소극적인 말씀은 신구약 전체를 통하여 나타나는 중요한 전통 가운데 하나로서 사도 바울은 이 전통을 충실하게 이어받아서 데살로니가교회 성도들에게 가르치고 있습니다. 이 전통은 이미 구약성경에 나타나기 시작했는데, 예컨대 잠언 25장 21-22절에 이런 말씀이 있습니다. "네 원수가 배고파하거든 음식을 먹이고 목말라하거든 물을 마시게 하라 그리 하는 것은 핀 숯을 그의 머리에 놓는 것과 일반이요 여호와께서 네게 갚아주시리라." 예수님도 이 전통을 강조합니다. "또 네 이웃을 사랑하고 네 원수를 미워하라 하였다는 것을 너희가 들었으나 나는 너희에게 이르노니 너희 원수를 사랑하며 너희를 박해하는 자를 위하여 기도하라"마 5:43-44. 후일 바울은 로마서 12장 20-21절에서 바로 이 구약의 가르침을 인용하면서 핍박하는 자에 대한 성도의 태도가 어떠해야 하는가를 가르칩니다. "네 원수가 주리거든 먹이고 목마르거든 마시게 하라 그리함으로 네가 숯불을 그 머리에 쌓아 놓으리라 악에게 지지 말고 선으로 악을 이기라." 같은 전통이 베드로 사도에게서도 나타납니다. "악을 악으로, 욕을 욕으로 갚지 말고 도리어 복을 빌라 이를 위하여 너희가 부르심을 받았으니 이는 복을 이어받게 하려 하심이라"벧전 3:9.

바울은 "하지 말라"라는 소극적인 명령으로 만족하지 않고 적극적인 교훈을 말합니다. "서로 대하든지 모든 사람을 대하든지 항상 선을 따르라." 기독교인은 악에 대하여 악으로 갚지 않는 소극적인 태도에 머물러서는 안 되고 적극적으로 항상 선을 따라야 하는 사람들입니다. 선을 따르되 그저 어쩌다가 생각이 나면 한 번씩 간헐적으로 선을 행하는 것이 아니라 "항상" 선을 행해야 합니다. 항상 선을 따르라는 명령은 선을 행하는 것이 생활화되어야 한다는 뜻입니다. 선을 행하는 것이 습관이 될 정도가 되라는 것입니다. "따르다"라는 동사는 바울이 개종하기 전에 기독교인들을 철저하게 핍박할 때 사용된 동사입니다. 개종하기 전에 기독교인을 집요하게 따라다니면서 핍박했던 바울이 이제는 같은 열심과 태도를 가지고 선을 따르는 일에 매진하고 있고, 또 그렇게 성도들에게 권면하고 있는 것입니다.

우리가 잠깐 주목해야 할 사실은 바울이 어떤 부류의 사람들을 대상으로 선을 따르라고 권고하는가 하는 것입니다. "서로 대하든지 모든 사람을 대하든지." 여기서 "서로"는 성도들을 가리킵니다. "모든 사람"은 성도들뿐만 아니라 불신자들까지 포함합니다. 선을 따르는 성도들의 행동은 물론 교회 안에 있는 성도들을 대상으로 나타나야 하지만, 불신자를 포함한 모든 사람을 대상으로 해서도 실천되어야 합니다. 여기서 우리 기독교인은 이중적인 연대성 안에 있음을 알 수 있습니다. 기독교인은 교회 안에 있는 성도들이 그리스도를 머리로 모신 유기적인 한 몸의 지체임을 기억하고 서로 사랑하고 서로에게 선을 도모하도록 힘써야 합니다. 그러나 이와 동시에 기독교인은 창조주 하나님을 머리로 모신 인류공동체라는 거대한 인류가족의 일원으로서 불신자도 포함하는 모든 사람을 상대로 선을 도모하는 사람들이 되어야 합니다.

개인의 경건생활 (5:16-22)

바울은 마지막으로 성도들 개인이 어떤 마음가짐과 태도를 가지고 신앙생활에 임해야 하는가에 대하여 16절부터 22절까지 교훈을 줍니다. 여기서는 두 편의 짧막하고 아름다운 경구가 등장하는데, 하나는 16-18절에 있고, 다른 하나는 19-22절에 약간 변형된 형태로 있습니다.

16-18절에 성도들에게 잘 알려져 회자되는 첫 번째 경구가 나옵니다. "항상 기뻐하라 쉬지 말고 기도하라 범사에 감사하라 이것이 그리스도 예수 안에서 너희를 향하신 하나님의 뜻이니라." 성도들은 항상 기쁨과 기도와 감사의 태도로 살아야 하는 자들입니다. 바울은 어떤 상황에서 이 교훈을 주고 있을까요? 바울의 선교여정 전체가 항상 그랬지만 특별히 바울이 데살로니가전서를 서술한 전후의 상황도 예외 없이 고난과 핍박이 따르는 상황이었습니다. 데살로니가교회 성도들도 고난과 핍박 속에 있었습니다. 바울은 자신이 고난과 핍박 속에 처해 있는 중에 고난과 핍박 속에 있는 성도들을 향하여 "기뻐하라, 기도하라, 감사하라"라고 권고하고 있습니다. 바울서신 전체를 통하여 기쁨과 기도와 감사를 명령하는 바울의 권고는 고난 속에 있으면서도 기쁨과 감사와 기도에서 떠나지 않는 바울의 신앙 체험에서 우러나온 살아있는 권고라는 사실을 유념해야 합니다.

　　바울의 권고를 이해하는 열쇠는 "항상"이라는 부사를 어떻게 이해하느냐에 달려 있습니다. 바울은 "항상 기뻐하라"라고 권고합니다. "항상"이라는 말 안에 "평탄할 때나 고난의 때나 변함없이"라는 뜻이 함축되어 있습니다. "기뻐하라"라는 권고는 빌립보서 4장 4절 말씀을 참고하여 "주 안에서 기뻐하라"라는 명령으로 이해할 수 있습니다. 성도들은 주 예수 안에 속해 있기 때문에, 그리고 주 안에서 얻은 구원과 사랑의 끈으로 주님과 맺어진 관계가 어떤 고난에 의해서도 깨어지지 않기 때문에 기뻐할 수 있습니다.

　이 권고는 바울의 오랜 체험으로부터 자연스럽게 우러나온 권고입니다. 바울은 데살로니가에 오기 직전 빌립보에서 귀신들린 여종으로부터 귀신을 쫓아내어 온전한 사람으로 회복시켜 주는 선한 일을 했으나 여종을 이용하여 돈벌이를 하던 여종 주인의 계략 때문에 억울한 누명을 쓰고 음습한 돌 감옥에 갇힌 일이 있었습니다. 돌 감옥에 갇힌 바울은 한밤중에 일어나 오히려 기도하면서 하나님을 찬미했습니다행 16:25. 이 같은 바울의 태도는 그의 서신 곳곳에 나타납니다. "근심하는 자 같으나 항상 기뻐하고 가난한 자 같으나 많은 사람을 부요하게 하고 아무 것도 없는 자 같으나 모든 것을 가진 자로다"고후 6:10. "그러므로 내가 그리스도를 위하여 약한 것들과 능욕과 궁핍과 박해와 곤고를 기뻐하노니 이는 내가 약한 그 때에 강함이라"고후 12:10. "나는 이제 너희를 위하여 받는 괴로움을 기뻐하고 그리스도의 남은 고난을 그의 몸된 교회를 위하여 내 육체에 채우노라"골 1:24. "다만 이뿐 아니라 우리가 환난 중에도 즐거워하나니"롬 5:3. 이 말씀들을 보면 바울은 환란에도 불구하고 기뻐한 것이 아니라 환란을 받는 것 때문에 기뻐했다고 말합니다. 왜냐하면 환란을 받는 그 때에 오히려 그리스도의 능력이 나타나 바울 자신이 강해짐을 느꼈을 뿐만 아니라 고난을 받음으로써 그리스도의 남은 고난에 참여하는 영광을 얻는다는 사실을 알았기 때문입니다.

　바울은 계속해서 "쉬지 말고 기도하라"라고 권고합니다. 기도한다는 말은 어떤 정해진 시간에 소리를 내어 하나님께 기도하는 것만을 가리키는 것이 아니라 항상 눈을 들어서 하나님을 바라보는 태도를 의미합니다. 항상 하나님을 바라보고 의존하며 생각하는 태도로 삶을 영위하는 것이 기독교인의 삶입니다. 항상 하나님을 바라보고 의존하다 보면 말로 하는 기도는 일종의 호흡처럼 자연스럽게 나오게 됩니다. 늘 마음속의 묵상이 하나님을 향해 있으니까 그 마음이 자연스럽게 터져 나와 소리 있는 기도가 됩니다. 그렇게 해서 우리는 쉬지 않고 기도할 수 있게 됩니다. 우리의 눈이 항상 주님을 바라보고 주님을 향해 있으면 언제인지 모르게 고난과 핍박의 때를 가볍게 넘어가고 있는 자신을 발견하게 됩니다. 그것을 우리는 바울에게서 볼 수 있습니다. 바울의 서신을 읽어 보면 교훈을 죽 서술해나가다가 갑자기 자연스럽게 기도문이 터져 나오고, 다시 서술해나가다가 어느 순간엔가 또 기도문이 터져 나옵니다. 데살로니가전서도 마찬가지입니다. 바울은 여러 가지 교훈을 서술해나가던 도중에 자연스럽게 독자들이 알아차리지 못하는 순간에 벌써 기도문으로 진입해 있는 때가 있는 것입니다.

바울은 계속해서 "범사에 감사하라"라고 권고합니다. 범사라는 표현도 "형통할 때나 환란을 만날 때"를 모두 포함하는 개념입니다. 성도들이 환란 때도 감사할 수 있는 이유는 우리에게 일어나는 모든 일이 결코 우연의 산물이 아니요, 하나님의 계획과 섭리 하에 일어난다는 것을 믿기 때문입니다. 환란을 통해서도 하나님의 선하고 자비로운 계획을 이루신다는 것을 믿을 때 우리는 환란 중에도 감사하지 않을 수 없습니다. "범사에 감사하라"라는 권고는 우리가 계획하고 기대했던 방향으로 일이 이루어질 때도 감사하고, 그렇지 않을 때도 감사하라는 뜻을 담고 있습니다. 바울은 데살로니가에 오기 바로 직전에 그 같은 하나님의 섭리를 극적으로 체험한 사람입니다. 바울은 자기 자신에게도 익숙하고 아직도 복음을 들어야 할 사람들이 많은 소아시아 지방에서 전도활동을 계속하기로 계획을 세우고 있었습니다. 그러나 하나님은 바울의 소아시아 전도를 막으셨습니다. 바울은 시간이 지나면서 자기 뜻대로 이루어지지 않은 이 일이 하나님의 또 다른 계획을 이루시기 위한 과정이었음을 깨달았던 것입니다. 이 같은 상황에서 바울은 "범사에 감사하라"라는 명령을 줍니다.

19-22절에는 두 번째 경구가 나옵니다. "성령을 소멸하지 말며 예언을 멸시하지 말고 범사에 헤아려 좋은 것을 취하고 악은 모든 모양이라도 버리라."

두 번째 경구의 첫 번째 권고는 "성령을 소멸하지 말라"라는 것입니다. 이 명령은 주의 깊게 들어야 합니다. "성령을 소멸하지 말라"라는 말은 우리 안에 계신 성령을 아예 제거해 버릴 수 있는 가능성을 전제하고 말하는 것처럼 들립니다. 그러나 이 명령은 그런 뜻은 아닙니다. 모든 성도에게는 속사람 안에 성령이 내주하십니다. 한번 내주하시는 성령은 결코 성도를 떠나지 않습니다. 우리 속에 내주하시는 성령은 우리의 겉 사람의 차원에까지 충만하게 역사하기를 원하십니다. 우리가 성령의 충만함과 능력을 간구하면 성령은 언제나 우리의 겉 사람의 세계에 충만하게 솟아 올라와서 겉 사람의 세계를 자신의 영역 안에 두고자 하십니다. "성령을 소멸하지 말라"라는 말씀은 속사람 안에 이미 찾아와 내주해 계시는 성령께서 겉 사람의 세계로 충만하게 솟아 올라와 활동하시는 것을 막지 말라는 뜻입니다. 성도는 속사람 속에 내주하시는 성령을 결코 소멸시킬 수 없습니다. 성도가 할 수 있는 것은 바르지 못한 윤리적 행동이나 성령을 사모하기를 게을리하거나 기도하기를 게을리함으로써 성령이 겉 사람의 영역에 솟아오르는 것을 막을 수 있을 뿐입니다.

"예언을 멸시치 말라"라는 말씀은 본문의 상황에서는 예수 그리스도의 재림과 관련된 가르침들을 뜻할 수 있습니다. 또한 초대교회 당시에는 아직 성경이 완결되지 않은 시대였기 때문에 하나님의 계시를 받아 하나님의 뜻을 전하는 예언 활동이 있었는데, 이 예언 활동을 뜻할 수도 있습니다. 사도 바울은 이 같은 예언 활동을 함부로 무시하지 않도록 주의를 환기시키고 있는 것입니다. 그러나 바울은 예언을 받아들이는 것과 관련하여 중요한 제한을 가하는 것을 잊지 않습니다.

"범사에 헤아리라"라는 말씀이 바로 그것입니다. "범사에 헤아리라"라는 말씀은 모든 것을 면밀히 검사해 보라는 뜻인데, 곧, 예언이라고 무조건 다 받아들이지 말고 정말로 하나님께로부터 온 예언인가, 아니면 사탄으로부터 온 거짓 예언인가를 잘 분별하라는 것입니다. 그래서 그 예언이 하나님께로부터 온 선한 예언이면 그것을 취하라고 말합니다. 이것이 "좋은 것을 취하라"라는 명령의 의미입니다. 바울은 모든 유형의 악을 버리라는 일반적인 권고로서 두 번째 경구를 마칩니다.

기도와 마지막 문안인사 (5:23-28)

데살로니가교회 성도들에게 할 말을 다 했다고 생각한 바울은 23-24절에서 데살로니가교회 성도들을 위하여 간절한 기도를 드립니다. "평강의 하나님이 친히 너희를 온전히 거룩하게 하시고 또 너희의 온 영과 혼과 몸이 우리 주 예수 그리스도께서 강림하실 때에 흠 없이 보전되기를 원하노라 너희를 부르시는 이는 미쁘시니 그가 또한 이루시리라." 지금까지 바울은 데살로니가 교인들이 유념하고 지켜야 할 다양한 윤리적인 명령을 주었습니다. 그런데 바울은 데살로니가교회 성도들이 이 명령을 스스로의 힘으로 지킬 수 있다고 생각하지 않았습니다. 바울은 인간의 힘으로는 윤리적인 명령들을 지키는 것이 불가능하다는 것을 잘 알고 있었습니다. 이 생각이 바로 23-24절의 기도문에 잘 나타나 있습니다. 바울은 "하나님이 친히" 데살로니가 교인들을 거룩하게 지켜 주실 것을 간구합니다. 성도의 삶은 인간이 결단하고 영위해야 하는 삶이지만 동시에 또한 하나님이 함께 해 주셔야 하는 삶입니다. 하나님이 지혜를 주시고 능력을 주셔야 이 세상에서 성화되어가는 삶을 살 수가 있습니다. 하나님이 함께하시고 일을 해 주셔야 주께서 재림하시는 날 성도들의 영, 혼, 몸 전체가 흠 없이 보존될 수 있습니다.

본문에 영, 혼, 몸이라는 세 단어가 나왔는데, 이것을 근거로 인간은 영과 혼과 몸으로 삼분된다고 말하는 것은 본문을 잘못 인용하는 것입니다. 본문은 사람이 세 부분으로 구성되어 있음을 말하고자 한 것이 아니라 영과 혼과 몸이 합하여 하나의 전인을 이룬다는 점을 강조하면서 성도의 거룩은 전인의 차원에서 이루어져야 함을 말합니다. 영, 혼, 몸이라는 표현은 나누는 표현이 아니라 묶는 표현입니다. 묶어서 전체를 묘사하고자 하는 표현입니다. 영과 혼과 몸은 서로 중첩되는 요소들이 많기 때문에 나누는 것이 매우 어렵습니다.

성화가 하나님의 도우심에 의하여 가능함을 말한 바울은 24절에서 미쁘신 하나님께서 "또한 이루시리라"라는 확신을 표현합니다. 무엇을 이룬다는 뜻입니까? 성화의 과정은 아무리 하나님이 도우셔도 결국 인간이 해야 하는 일이기 때문에 불완전할 수밖에 없습니다. 인간의 손은 미다스의 손과 같습니다. 고대 그리스 신화에 등장하는 탐욕이 많았던 미다스 왕은 디오니소스 신에게 간청하여 자신이 만지는 모든 것이 황금으로 변하는 능력을 받았다고 알려진 왕입니다. 미다스가 만지는 모든 것이 황금으로 변한 것처럼 인간의 활동이 관여하는 모든 것은 어딘가 망가지게 되어 있습니다. 성화의 과정은 하나님이 도우시지만 인간이 행하는 일이기 때문에 결코 완전에 이를 수 없습니다. 그러므로 성화의 업적을 가지고는 인간의 전인을 구원할 수 없습니다. 성도들의 최고의 소원인 전인의 구원 곧, 영과 혼과 몸의 구원은 마지막 날에 하나님이 전적인 은혜로 완전하게 이루십니다. 이 사역을 구원의 서정에서 영화라고 합니다. 우리는 이 영화의 때를 소망 중에 기다리면서 우리에게 주어진 성화의 삶을 성실히 살아내야 합니다.

바울은 고고하게 높은 곳에 올라서서 항상 가르치기만 하고 훈계만을 주는 사람은 아니었습니다. 바울은 자신의 한계와 연약함을 항상 의식하고 있었습니다. 그러므로 바울은 데살로니가 교인들에게 많은 훈계를 준 뒤에 25절에서 자기 자신을 위해서 기도해 달라고 부탁합니다. "형제들아 우리를 위하여 기도하라." 바울은 모든 형제에게 서로 문안할 것을 말하고26절, 자신이 보낸 서신을 모든 성도 앞에서 읽어 줄 것을 부탁한 후27절, 주님의 은혜가 데살로니가교회 성도들에게 함께 하기를 기원하는 것으로 서신을 끝냅니다28절.

.

데살로니가후서

Thessalonians

II Thessalonians

8

고난 중에도 믿음을 잃지 않은 성도

살후 1:1-12

인사말

바울은 데살로니가에서 할 일을 다 못하고 쫓겨나듯이 떠난 후 베뢰아, 아테네를 거쳐서 고린도에 머물면서 사역을 하고 있었습니다. 고린도에서의 바울은 그동안 빌립보, 데살로니가, 베뢰아에서 거의 쫓겨나다시피 해야 했고, 아테네에서도 제대로 전도 활동을 펼쳐보지 못한 채 떠나야 했던 일들로 인하여 많은 실의에 잠겨 있었습니다. 이때 데살로니가에 있던 디모데와 실라가 고린도에 내려와서 데살로니가교회 성도들의 소식을 전합니다. 디모데와 실라는 바울이 떠난 후에도 데살로니가교회 성도들이 굳건하게 믿음생활을 계속하고 있다는 소식을 전했습니다. 바울은 이 소식을 듣고 크게 위로와 힘을 얻습니다. 마음이 한껏 고양된 바울은 데살로니가교회 성도들을 격려할 목적으로 서신을 쓰게 되었는데, 그것이 데살로니가전서입니다. 디모데는 데살로니가전서를 들고 데살로니가를 재방문하여 서신을 전달하고 다시 고린도로 돌아와서 바울에게 데살로니가교회의 소식을 전합니다. 바울은 이 소식을 전해 듣고 또 한 통의 서신을 써서 보냅니다. 그 서신이 데살로니가후서입니다.

데살로니가전후서 모두 데살로니가교회 성도들의 믿음을 칭찬하고 격려하는 내용을 담고 있습니다. 동시에 데살로니가교회 성도들이 교리와 생활면에서 잘못 생각하고 있었던 것들을 바로잡아 주려는 훈계도 아울러 담고 있습니다. 데살로니가후서는 데살로니가전서를 보냈는데도 아직 해결되지 않은 문제들을 계속하여 다룹니다. 재림날짜가 언제인가 하는 문제와 일부 성도들이 임박한 재림을 기대하면서 일을 하지 않고 다른 성도들의 도움만으로 생계를 해결하고자 하는 문제도 아직 해결되지 않았습니다. 이 문제들에 대한 바울의 가르침이 데살로니가후서에서 계속하여 제시되고 있습니다.

1절과 2절은 인사말입니다. "바울과 실루아노와 디모데는 하나님 우리 아버지와 주 예수 그리스도 안에 있는 데살로니가인의 교회에 편지하노니 하나님 아버지와 주 예수 그리스도로부터 은혜와 평강이 너희에게 있을지어다." 이 인사말은 데살로니가전서의 경우처럼 바울과 실루아노와 디모데가 서신을 보내는 자로 언급되어 있습니다. 이 말은 세 사람이 함께 서신을 썼다기보다는 바울이 쓴 서신의 내용을 세 사람이 충분히 숙지하고 있었다는 뜻으로 이해하면 됩니다. 바울이 이 서신을 썼다는 사실은 3장 17절에 있는 "나 바울은 친필로 문안하노니"라는 구절에서 확인됩니다. 인사말에서 바울은 데살로니가교회에게 은혜와 평강이 있기를 기원하는데, 바울이 기원하는 은혜와 평강은 인간으로부터 기원한 것이 아니라 하나님으로부터 기원한 것입니다.

인사말을 간단히 끝낸 바울은 1장 3-12절에서 데살로니가전서에서 했던 것처럼 데살로니가교회 성도들의 아름다운 신앙생활의 모습을 칭찬하면서 이들을 격려하고 이들을 위하여 기도하는 내용을 서술합니다. 이 문단을 분해해 보면, 먼저 바울은 3-4절에서 데살로니가교회 성도들의 칭찬을 받을만한 신앙생활의 모습이 어떤 것인가를 소개합니다. 여기서 데살로니가 성도들의 신앙생활은 믿음과 사랑과 인내의 모습을 골고루 갖추고 있는 것으로 소개됩니다. 5-10절에서는 고난과 핍박 가운데 인내하는 데살로니가교회 성도들의 모습과 하나님의 공의가 어떻게 관련되는가를 재림의 때와 연관시켜서 설명하고, 11-12절에서는 데살로니가교회 성도들을 위하여 기도하는 것으로 마무리합니다.

믿음, 사랑, 인내가 어우러진 신앙생활 (1:3-4)

바울은 3-4절에서 데살로니가교회 성도들의 아름다운 신앙생활의 모습을 다음과 같이 소개합니다. "형제들아 우리가 너희를 위하여 항상 하나님께 감사할지니 이것이 당연함은 너희의 믿음이 더욱 자라고 너희가 다 각기 서로 사랑함이 풍성함이니 그러므로 너희가 견디고 있는 모든 박해와 환난 중에서 너희 인내와 믿음으로 말미암아 하나님의 여러 교회에서 우리가 친히 자랑하노라." 본문에서는 데살로니가교회 성도들의 신앙생활의 특징이 믿음과 사랑과 인내라는 세 가지 단어로 요약되고 있습니다. 세 단어 '믿음-사랑-인내'는 데살로니가전서 1장 2-3절에 등장한 '믿음-사랑-소망'과 같은 틀을 형성한다고 보아도 무방합니다. 데살로니가전서에는 믿음, 사랑, 소망이라는 세 단어로 데살로니가 교인들의 신앙생활의 모습이 묘사되고 있는데, 데살로니가후서에서는 소망이 인내로 대치되었습니다. 그러나 데살로니가전서에서도 "소망의 인내"라는 표현이 사용됨으로써 소망이 인내의 근거가 되고 있음을 말하는 것을 볼 때 본문에서 사용하고 있는 인내라는 단어에는 이미 소망이 함축되어 있다고 볼 수 있습니다. 그뿐만 아니라 데살로니가전서에서 소망의 인내는 예수 그리스도의 재림에 대한 소망을 뜻하는 것으로서 재림과 밀접한 관련이 있었는데, 데살로니가후서에서도 핍박 가운데 인내하는 태도가 재림 때에 완성될 하나님의 공의의 심판과 관련되어 나타나고 있습니다.

바울은 첫째로, 데살로니가교회 성도들의 '믿음이 더욱 자라난' 사실에 대하여 하나님께 감사했습니다. 바울은 데살로니가교회 성도들의 믿음의 상태가 어떠한가를 항상 마음에 두면서 이들의 믿음이 자라도록 기도했습니다. 이 같은 바울의 기도가 데살로니가전서 3장 10절에 잘 나타나 있습니다. "주야로 심히 간구함은 너희 얼굴을 보고 너희 믿음이 부족한 것을 보충하게 하려 함이라." 바울은 데살로니가전서를 써 보내면서 데살로니가교회 성도들의 부족한 믿음이 보완되기를 간구했는데, 이 간구가 데살로니가후서를 쓰는 시점에 이르러서는 응답되어서 '믿음이 더욱 자라났다'라고 말하고 있습니다. 자란다는 표현은 나무가 자라나는 모습을 생각하면서 사용한 비유로서 믿음의 성장은 신자들의 마음속에서 주님을 향한 신뢰가 더욱 견실해지는 것을 말합니다.

바울의 두 번째 감사 제목은 '서로에 대한 사랑이 풍성해진 일'이었습니다. 믿음이 자라난 일이 신자들의 내면에서 일어난 변화요 성숙의 증거라면 사랑이 풍성해진 것은 신자들의 외면에서, 곧 인간관계에서 일어난 변화와 성숙의 증거입니다. 이것도 역시 바울이 데살로니가전서를 쓸 때 간절히 기도했던 내용으로서 이제 그 기도의 응답을 받은 기쁨이 바울에게 있습니다. "또 주께서 우리가 너희를 사랑함과 같이 너희도 피차간과 모든 사람에 대한 사랑이 더욱 많아 넘치게 하사"살전 3:12.

지금까지 말한 두 가지 감사의 제목보다 바울이 더 큰 비중을 두고 있는 감사의 제목은 세 번째입니다. 따라서 바울은 두 가지 감사의 제목을 먼저 간략히 다룬 후에 데살로니가교회 성도들에게 있어서 가장 비중이 큰 감사의 제목을 마지막 세 번째로 소개합니다. 이 제목을 마지막에 소개하는 이유는 이 제목에 대하여 할 말이 많기 때문입니다. 실제로 이 제목과 관련하여 데살로니가후서 전장이 할애되고 있습니다. 이 세 번째 제목에 대해서 바울은 하나님께 감사할 뿐만 아니라 '하나님의 여러 교회 앞에서 친히 자랑하고 싶다'라고 까지 말합니다. 여기서 말하는 "하나님의 여러 교회"란 바울이 체류하고 있는 고린도 시가 속해 있는 아가야 지방에 있는 교회들을 가리키는 것이 분명합니다. 바울이 자랑하고 싶어 하는 내용은 데살로니가교회 성도들이 "모든 박해와 환난 중에서"도 인내와 믿음을 잃지 않은 것이었습니다. 여기서 핵심적인 개념은 "인내"입니다. "모든 박해와 환난"이라는 표현은 환란과 핍박이 컸음을 암시합니다.

성도의 고난은 하나님의 공의의 심판의 표 (1:5-10)

데살로니가교회 성도들은 바울이 체류하고 있을 때뿐만 아니라 바울이 떠난 후에도 계속되는 유대인들의 방해 공작 때문에 고통을 받고 있었습니다. 따라서 이들에게 있어서는 계속되는 고난 가운데서 믿음을 지키는 일이 가장 시급한 당면과제였으며, 이 사정을 잘 알고 있던 바울의 관심도 고난의 문제에 집중될 수밖에 없었습니다. 따라서 바울은 고난의 의미에 대하여 5-10절에서 길게 이야기합니다. 바울이 이 문제를 반복하여 거론한다는 것은 데살로니가교회 성도들을 생각할 때마다 항상 이 문제가 마음에 걸렸다는 것을 뜻합니다. 바울은 성도의 고난, 하나님의 공의, 재림이라는 세 가지 주제를 통합하여 논의를 전개합니다.

바울에게 있어서 성도가 받는 고난은 어떤 의미를 지니고 있을까요? 성도의 고난에 대한 바울의 해석의 핵심은 5절 앞부분에 천명되어 있습니다. "이는 하나님의 공의로운 심판의 표요." 여기서 우리는 바울의 깊이 있는 고난신학을 만납니다. 성도들이 죄도 없이 억울하게 고난을 받을 때 사람들은 자연스럽게 "하나님은 불공평하시지 않은가? 만일 하나님이 공평하시다면 어떻게 죄 없는 사람들이 고난을 받을 수 있단 말인가?"라는 의문을 품게 됩니다. 그런데 바울은 이 같은 상식을 정반대로 뒤집어서 "성도들이 죄 없이 고난을 받는 것이 바로 하나님이 공의로운 심판을 하고 계신다는 증거다"라고 선언하고 있는 것입니다. 얼마나 의외의 선언이며, 의표를 찌르는 선언입니까? 인간의 상식과 예상을 뛰어넘는 영역에서 진리가 선포되고 현실에 대한 해명이 나오고 있기 때문에 하나님의 말씀은 경이로운 것이요, 단순히 인간의 상식적인 머리에서 나올 수 없는 것입니다. 바울은 무슨 뜻인지 도무지 납득이 가지 않는 선언을 해놓은 후에 그 의미를 차근차근 설명해 갑니다.

성도들이 고난을 받는 것이 하나님의 공의로운 심판의 표라는 말의 첫 번째 의미는 5절 하반절에 소개됩니다. "너희로 하여금 하나님의 나라에 합당한 자로 여김을 받게 하려 함이니 그 나라를 위하여 너희가 또한 고난을 받느니라."

첫 번째 의미는 성도들이 고난을 받을 때 하나님 나라에 합당한 자로 여기심을 받게 되고, 이로써 우리는 하나님의 심판이 공의롭다는 것을 깨닫게 된다는 것입니다. 이 본문에서 말하는 하나님의 "공의로운 심판"은 좀 더 넓은 의미에서 "하나님의 공의로운 판단"이라고 이해할 수 있습니다. 우리는 무엇을 가리켜서 공의롭다고 말합니까? 저울의 비유를 한번 들어보겠습니다. 공평한 저울은 어떤 저울입니까? 저울 왼편에 올려놓은 물건의 무게와 저울 오른편에 올려놓은 추의 무게가 같아서 저울이 균형을 이룰 때 우리는 공평한 저울이라고 말합니다. 그러면 저울의 비유를 이용하여 본문의 의미를 한번 살펴봅시다. 저울의 한편에는 무엇이 있습니까? 데살로니가교회 성도들이 억울하게 유대교인들로부터 받는 고난과 고통이 있습니다. 데살로니가교회 성도들은 아무런 잘못도 없는데 억울하게 환난과 핍박을 당해야 했기 때문에 이로 인하여 하나님의 공의의 저울은 한쪽으로 무겁게 기울어질 수밖에 없었습니다. 이 현실 하나만을 보게 되면 당연히 하나님은 공의롭지 못하신 하나님, 불의하신 하나님이 될 수밖에 없고, 그런 판단은 타당한 판단입니다. 그런데 하나님은 저울의 반대편에 "데살로니가교회 성도들을 하나님 나라에 합당한 자로 여겨주시는 축복"을 올려놓으셨습니다. 그러자 저울이 균형을 이루었습니다.

성도들이 고난을 받는 것은 힘들고 고통스러운 일이지만, 고난을 받을 때 하나님이 고난받는 성도들의 모습을 보시고 "너희들은 참으로 하나님 나라의 백성으로서 합당한 자들이구나"라고 여겨주시는 보상이 뒤따릅니다. 하나님은 성도들이 결코 아무런 보상도 받지 않고 고난과 고통만을 당하도록 방치하시는 분이 아닙니다. 하나님은 공의의 하나님이십니다. 하나님은 이 세상에서 일어나는 불의에 대하여 결코 그냥 지나치시는 법이 없습니다. 적절하게 보상하셔야 할 것은 반드시 보상하시고, 적절하게 형벌을 내려야 할 사안에 대해서는 적절하게 형벌을 내리시는 분이십니다. 성도들이 고난을 받음으로써 하나님으로부터 하나님 나라에 합당한 자로 여김을 받는 축복을 받게 된다면, 그것으로 이미 고통은 상쇄되어 버린 것 아닙니까?

그런데 우리가 여기서 잠깐 주목해야 할 점이 있습니다. 이 논점은 5절에서 두 번 반복되어 나타나는데, 하나는 '여김을 받는다'라는 표현입니다. 성도들이 고난받는 광경을 보신 하나님이 성도들을 하나님 나라에 합당한 존재로 여겨주십니다. "여겨주신다"라는 표현은 매우 중요한 표현입니다. 이 표현이 왜 중요합니까? 여겨주신다는 말은 상대방이 아무런 자격이 없는데도 불구하고 자격을 갖춘 자로 인정해 준다는 뜻을 담고 있습니다. 여긴다는 표현은 장차 바울이 서술하게 될 위대한 서신인 로마서에서 인간이 하나님 앞에서 의롭다 칭함을 받는 사건을 서술할 때 사용된 핵심 개념입니다. 이 서신에서 바울은 아브라함을 예로 들면서 믿는 자들은 하나님 앞에 내세울 만한 공로가 없음에도 불구하고 하나님이 이들을 의롭다고 여겨주셨기 때문에 의인이 되었다고 말합니다롬 4:1-5. 바울은 칭의 사건을 서술할 때 사용한 '여기신다'라는 단어를 성도의 고난의 의미를 해석할 때도 사용합니다. 이것은 무엇을 의미합니까? 성도들이 받는 고난 그 자체가 어떤 공로가 되어서 성도들이 하나님 나라에 합당한 자가 되는 것이 아닙니다. 성도들이 받는 고난 그 자체도 하나님 앞에 내놓을 만한 공로가 될 수 없습니다. 그러나 하나님은 고난받는 성도들을 긍휼히 보시고 이들이 당하는 고난을 은혜로 인정해 주셔서 성도들을 하나님 나라에 합당한 자로 여겨주십니다.

또 하나의 표현이 같은 논점을 보여줍니다. 그것은 "그 나라를 위하여 너희가 또한 고난을 받느니라"라는 말씀입니다. 이 말씀이 왜 중요합니까? 여기서 우리는 "고난을 받음으로써 하나님의 나라를 얻는다"라고 되어 있지 않다는 사실에 유의해야 합니다. 성도들은 이미 얻은 하나님의 나라를 위하여 고난을 받는 것일 뿐입니다. 고난이 일종의 공로가 되어서 그 공로에 근거하여 하나님 나라의 백성이 되는 것이 아닙니다. 다만 고난을 통하여 하나님의 나라의 영광과 진리에 더욱 깊숙이 참여하며 그 나라의 감추어진 뜻과 의미를 더욱 많이 발견하고 깨닫게 될 뿐입니다. 우리는 고난을 받음으로써 그 공로에 근거하여 그리스도를 구주로 맞아들일 수 있게 되는 것이 아닙니다. 우리는 믿음으로 값없이 영접한 그리스도를 위하여 고난을 받는 것이며, 그의 남은 고난을 우리의 삶 속에 채워가는 것뿐입니다. 따라서 우리는 고난을 하나님의 나라를 획득하는 조건으로 승격시키고 있는 몰트만과 같은 현대신학자의 입장을 수납할 수 없습니다.

5절에서 말한 것은 하나님의 공의의 심판이 일부 실현되는 것에 지나지 않습니다. 더 철저하고 완전한 하나님의 공의가 장차 실현됩니다. 그것이 6-7절 상반절에 기록되어 있습니다. "너희로 환난을 받게 하는 자들에게는 환난으로 갚으시고 환난을 받는 너희에게는 우리와 함께 안식으로 갚으시는 것이 하나님의 공의시니." 이 선언을 통해 우리는 이제 하나님의 공의가 얼마나 철저하게 실현되는가를 볼 수 있습니다. 장차 형편이 역전되는 때가 옵니다. 현재 성도들을 괴롭히고 환난 받게 한 자들은 자신들의 악행에 상응하는 환난을 받게 되고, 현재 억울하고 힘없이 환난을 받아야 했던 자들은 안식을 보상으로 받는 날이 옵니다. 여기서 말하는 안식은 현세에서 핍박과 고난을 받으면서 겪어야 했던 긴장과 고통으로부터의 자유라는 의미로 해석하면 됩니다. 이렇게 해서 하나님의 공의의 저울이 완전히 균형을 맞추는 때가 옵니다. 그때가 언제입니까? 바로 예수 그리스도께서 재림하시는 때입니다. 7절 하반절이 그것을 말하고 있습니다. "주 예수께서 자기의 능력의 천사들과 함께 하늘로부터 불꽃 가운데에 나타나실 때에." 주 예수께서 재림하시는 날은 역사 안에서 유보되었던 하나님의 공의가 완전히 이루어지는 날이요, 역사 안에서 제기된 모든 유형의 하나님의 공의의 문제가 완전한 해답을 얻는 날이기도 합니다.

8-10절에서 바울은 재림 때에 완성될 하나님의 공의에 대하여 좀 더 넓은 관점에서 보완설명을 합니다. "하나님을 모르는 자들과 우리 주 예수의 복음에 복종하지 않는 자들에게 형벌을 내리시리니

이런 자들은 주의 얼굴과 그의 힘의 영광을 떠나 영원한 멸망의 형벌을 받으리로다." 앞에서는 성도들에게 박해를 가하는 사람들을 적시하여 이들에게 환난이 주어질 것이라고 말했는데, 여기서는 하나님을 믿지 않는 불신자들 전체로 범위를 확대하여 이들이 "영원한 멸망"의 형벌을 받을 것을 예고합니다. 영원한 멸망이란 생명의 근원이신 하나님과의 관계가 완전히 끊어져서 다시는 돌아올 수 없는 지경에 떨어지는 것을 말합니다. 영원한 멸망은 영생에 대립하는 개념입니다. 요한복음 17장 3절이 말하고 있는 것처럼 유일하신 참 하나님과 그의 보내신 자 예수 그리스도를 아는 것이 영생이라면 본문에 있는 것처럼 주의 얼굴과 그의 힘의 영광을 떠나는 것은 영벌일 수밖에 없습니다.

반면에 성도들에게는 어떤 일이 일어납니까? 10절입니다. "그날에 그가 강림하사 그의 성도들에게서 영광을 받으시고 모든 믿는 자들에게서 놀랍게 여김을 얻으시리니." 이처럼 주님이 재림하시는 날에 현세 안에서 성도들에게 박해를 가하던 자들, 나아가서는 하나님을 믿지 않고 하나님을 모독한 자들은 준엄한 형벌을 받습니다. 그러나 성도들은 안식을 얻음으로써 하나님의 공의가 완전히 이루어지는 광경을 보면서 하나님께 영광을 돌릴 뿐만 아니라 또한 경이로움을 느끼게 됩니다. 바울은 데살로니가교회 성도들이 이와 같은 바울의 가르침을 믿음으로 받아들였다고 칭찬합니다. "이는 우리의 증거가 너희에게 믿어졌음이라."

우리는 두 가지 논점에 잠깐 주목하고 지나갈 필요가 있습니다.

첫째로, 7-10절을 보면 재림의 때에 공의의 심판을 내리는 주체가 주 예수 그리스도로 되어 있는데, 이처럼 바울이 구약성경에서는 오직 성부 하나님께만 돌려졌던 심판의 기능을 아무런 거리낌 없이 예수 그리스도에게 돌리고 있다는 사실은 예수 그리스도가 곧 하나님이시라는 확신이 바울을 비롯한 초대교회 성도들에게 있었음을 뜻합니다.

둘째로, 우리말 성경에는 뚜렷이 나타나 있지 않지만, 헬라어 원문 성경에는 10절의 "그날에 강림하사"라는 표현에서 "그날"이 아직 확인되지 않은 미래의 어떤 시점이라는 점이 확실하게 표현되어 있습니다. 영어로 말하면 "whenever"에 해당하는 표현입니다. 이 사실은 무엇을 시사해 줄까요? 재림의 때가 오는 것은 확실한데 언제인지 정확하게 그때를 알 수 없다는 생각이 바울의 마음속에 자리 잡고 있음을 암시해 주는 것입니다. 이것은 바울이 종말의 때에 관한 예수님의 가르침의 전통을 충실하게 이어받고 있음을 보여주는 대목입니다.

마무리 기도 (1:11-12)

5-10절에서 하나님의 공의가 실현되고, 현세에서 고난에 시달리던 성도들이 한없는 위로와 안식을 얻는 재림의 때로 데살로니가 교회 성도들을 초대했던 바울은 다시 현실로 돌아옵니다. 현실에서는 여전히 핍박과 박해가 계속되고 삶은 힘들고 고달픕니다. 그것은

마치 아름답고 달콤한 꿈을 꾸면서 감미로움에 한껏 젖어 있다가 잠에서 깨어나 보니 졸리고 피곤한 몸으로 출근해야 하는 현실이 기다리고 있는 것과도 같습니다. 이 현실은 인간의 힘만으로는 이겨내기가 어렵습니다. 하나님의 은혜와 능력이 필요합니다. 이제 바울은 이런 현실 속에서 살아야 하는 데살로니가교회 성도들을 위하여 기도하는 것으로 서신의 첫 번째 단원을 마무리합니다. 바울은 재림 때 성도들에게 찾아올 영광과 위로라는 감미로운 맛에 취한 나머지 현실의 모든 일을 소홀히 하거나 접어 버리지 않습니다. 바울은 데살로니가교회 성도들의 관심과 시야를 다시 현실로 돌리면서 이들이 현실의 삶을 바르게 살아낼 수 있도록 기도합니다. 재림의 소망을 품은 성도는 그 소망에서 얻은 영적인 힘으로 어둡고 칙칙한 현실의 삶에 결연하고 힘찬 태도로 임해야 합니다. 이와 같은 바울의 입장도 역시 예수님의 종말관의 전통 위에 서 있는 것입니다. 예컨대 예수님은 마가복음 13장에서 종말의 때에 관한 교훈을 주신 후에 결론적으로 "주어진 사무"에 충실하는 것이 가장 좋은 종말의 때의 준비 방식이라고 말합니다. "사무"는 현실에 속한 일입니다. 종말의 때를 말한 뒤에는 언제나 현실로 돌아오는 것입니다.

바울의 기도 내용은 세 가지로 구성되어 있는데 이 세 가지 내용이 모두 현실 속에서의 윤리적인 실천과 관련된 내용입니다. 곧 종말론적인 전망이 현실에서 기독교인다운 삶을 더 잘 영위하는 것을 가능하게 하는 동기로서 작용하고 있는 것입니다.

바울은 먼저 데살로니가교회 성도들이 하나님의 부르심에 합당한 자로 여김을 받을 수 있도록 기도합니다. 여기서 말하는 부르심은 간단히 말해서 예수님을 구주로 영접하고 믿도록 부르시는 것을 말합니다. 하나님은 우리를 부르셔서 예수 그리스도를 구주로 영접하게 하셨고, 의롭다고 여겨주셨으며, 하나님의 양자가 되게 하셨습니다. 그러면 부르심을 받은 자들에게는 어떤 의무가 부과되는가? 부르심에 합당한 삶을 살아야 하는 의무가 뒤따릅니다. 바울은 데살로니가교회 성도들이 현실 속에서 부르심에 합당한 삶을 살도록 기도합니다.

다음으로 바울은 "모든 선을 기뻐함과 믿음의 역사를 능력으로 이루게" 하실 것을 위하여 기도합니다. 선한 일에 대한 욕구, 그리고 믿음에서 우러나오는 행동은 "능력으로"라야 가능함을 바울은 잘 알고 있습니다. 여기서 말하는 능력은 "성령의 능력"을 말합니다. 곧 바울은 성령께서 데살로니가교회 성도들에게 능력을 주셔서 이들이 선을 추구하고 믿음의 행동을 훌륭히 수행할 수 있도록 기도합니다.

세 번째 기도제목은 12절에 있는 것처럼 주 예수의 이름이 데살로니가교회 성도들 가운데서 영광을 받고, 데살로니가교회 성도들은 주 예수 안에서 영광을 받는 것입니다. 그런데 이처럼 데살로니가교회 성도들이 주 예수의 이름이 영광을 얻는 삶을 사는 것은 인간 자신의 힘만으로는 불가능하기 때문에 "우리 하나님과 주 예수 그리스도의 은혜대로" 이 일이 이루어지도록 바울은 간구합니다.

바울의 기도제목을 보면 재림문제에 골몰해 있는 데살로니가교회 성도들이 재림의 때를 향한 소망을 마음속에 간직하도록 장려하면서도 현실 속에서 주어진 삶에 충실할 것을 강조하고 있음을 알 수 있습니다. 동시에 바울은 이 삶을 살아내는 것이 결코 인간 자신의 힘과 지혜만으로는 불가능한 것임을 이해하고, 철저하게 하나님 중심으로 이 삶이 이루어질 수 있도록 데살로니가교회 성도들을 하나님께 의탁합니다. 부르심에 합당한 삶도 하나님이 합당하다고 여겨주셔야만 비로소 이루어지는 것이요, 선을 추구하고 믿음으로 행하는 것도 성령의 능력을 받아야만 비로소 가능한 것이요, 주 예수의 이름을 영화롭게 하는 것도 하나님의 은혜를 받아야만 가능한 것이기 때문입니다.

II Thessalonians

재림의 때와
적그리스도

살후 2:1-17

바울은 데살로니가에 체류하고 있을 때는 직접 설교를 통해서, 그리고 그곳을 떠난 후에는 데살로니가전서를 통해서 재림에 관하여 가르쳤음에도 불구하고 이 문제에 대한 데살로니가교회 성도들의 오해는 쉽게 풀리지 않았습니다. 이것이 바울이 데살로니가전서에 이어서 데살로니가후서를 서술하게 된 동기입니다. 데살로니가후서에서 재림에 관한 문제는 2장 1-12절과 3장 6-15절에서 다루어집니다. 2장 1-12절에서는 재림의 때에 관한 오해가 검토되고 있고, 3장 6-15절에서는 재림의 때를 맞이한 성도들의 경제생활에 대한 오해가 다루어집니다. 특별히 2장 1-12절에서 바울은 자신이 데살로니가에서 행한 구두설교의 내용을 독자들이 이미 알고 있다고 전제하고 그 내용을 보완하는 형식으로 서술하고 있는데, 이 때문에 내용 이해에 어려움이 뒤따릅니다. 곧, 서술하는 내용 중에 구두설교의 내용을 모르면 무엇을 말하는 것인지 알기 어려운 표현이 등장한다는 것입니다.

유포되는 그릇된 재림관 (2:1-2)

바울은 1-12절에서 다루고자 하는 주제가 무엇이며, 자신이 주고자 하는 가르침의 요지가 무엇인가를 1절과 2절에서 소개합니다. 먼저 1절을 보겠습니다. "형제들아 우리가 너희에게 구하는 것은 우리 주 예수 그리스도의 강림하심과 우리가 그 앞에 모임에 관하여." 바울서신에서 "형제들아"라는 호칭이 나오면 "아하, 이제는 새로운 주제가 시작되는구나"라고 생각하면 됩니다. 그 새로운 주제는 예수 그리스도의 재림과 재림 때에 성도들이 예수 그리스도 앞에 모이는 일에 관한 것입니다.

1절에서 주제가 무엇인가를 소개한 바울은 2절에서는 자신이 제시하고자 하는 가르침의 요지를 소개합니다. "혹 영으로나 또는 말로나 또는 우리에게서 받았다 하는 편지로나 주의 날이 이르렀다고 해서 쉽게 마음이 흔들리거나 두려워하거나 하지 말아야 한다는 것이라." 이 문맥에서 "영"은 성령이나 성도들의 영혼을 가리키는 표현이 아니라 잘못된 영을 받고서 성령을 받았다고 자칭하는 사람들의 영을 말합니다. "말"은 이들이 행하는 설교를 말하고 "우리에게서 받았다 하는 편지"는 이들이 유포하고 있는 서신을 말하는데, 이들은 이 서신을 유포하면서 그것이 마치 바울에게서 온 것처럼 위장했던 것 같습니다. 이런 모든 수단을 통해서 이들은 "주의 날이 이르렀다"라고 가르쳤습니다. 이들은 재림의 때가 이미 왔다고 전하고 다

넸습니다. 이 가르침을 듣고서 데살로니가교회 성도들 가운데 일부가 마음이 흔들리고 두려움에 사로잡혔던 것 같습니다. 바울은 이 가르침이 잘못되었음을 지적하면서 이 가르침 때문에 마음이 흔들리거나 두려움에 사로잡히지 말라고 경고합니다. '마음이 흔들린다'라는 것은 항구에 정박 중인 배가 닻을 내리지 않은 채 파도와 바람에 떠밀려 다니는 모습을 묘사한 단어입니다. 배가 닻을 굳게 내리면 바람과 파도가 몰아쳐도 표류하지 않고 견뎌내듯이 바울이 전해준 견실한 가르침에 굳게 닻을 내리고 흔들리지 말라고 바울은 권고합니다.

재림 전에 등장하는 불법의 사람 (2:3-5)

1-2절에서 앞으로 다루고자 하는 주제와 권고의 핵심을 소개한 바울은 3절부터 보다 상세하게 논의를 전개하기 시작합니다. 우선 바울은 재림이 이르기 전에 반드시 일어나야 할 일을 소개하고 이 일이 아직 일어나지 않았음을 상기시킴으로써 재림의 때가 이미 왔다는 가르침이 잘못된 가르침임을 논증합니다. 3절을 보겠습니다. "누가 어떻게 하여도 너희가 미혹되지 말라 먼저 배교하는 일이 있고 저 불법의 사람 곧 멸망의 아들이 나타나기 전에는 이르지 아니하리니." 재림의 때가 오기 전에 일어나야 할 일이 두 가지 언급되어 있습니다. 하나는 배교하는 일이고, 다른 하나는 불법의 사람이 나타나는 것입니다. "배교"한다는 것은 하나님의 다스리심과 권위에

반항하고 반역하는 것을 말합니다. 이 배교는 전 세계적인 차원에서 일어납니다. 배교에 이어서 배교를 주도한 배후세력이 등장하는데, 이 배후세력을 본문에서는 "불법의 사람, 멸망의 아들"이라고 표현하고 있습니다. 여기서 말하는 불법의 사람이나 멸망의 아들은 요한일서 2장 18절에서 말하는 "적그리스도"를 가리키는 것입니다. 적그리스도에 대한 설명은 4절까지 계속됩니다. 3절에 나타난 적그리스도의 특징은 세 가지입니다.

첫째로, "사람"이라든지 "아들"과 같은 단어가 사용되고 있는 것으로 볼 때 적그리스도는 어떤 구체적인 인격체임이 분명합니다.

둘째로, 이 사람의 특징은 "불법"으로 묘사됩니다. 적그리스도를 불법의 존재로 묘사하고 있는 것이 이 본문의 가장 중요한 특징입니다. 7절에도 "불법의 비밀"이라는 표현이 등장하고, 8절에는 "불법한 자"라는 표현이 등장하고 있다는 사실이 그 점을 증명합니다. 불법은 법에 반항하고 항거하는 것을 말합니다. 어떤 법에 반항하고 항거합니까? 하나님의 법에 반항하고 항거합니다. 하나님의 법은 무엇입니까? 하나님이 자연 안에 두신 법과 계시의 말씀인 성경 안에 두신 법을 뜻합니다. 그뿐만 아니라 하나님이 마련하신 구원의 질서도 법의 테두리에 들어간다고 볼 수 있습니다. 이처럼 하나님이 세계 안에 두신 질서와 법의 체계를 무시하고 거스르는 것이 적그리스도의 특징입니다. 따라서 우리는 하나님의 법을 깨뜨리고 거스르는 모든 행동은 적그리스도의 영향권 안에서 행해지는 행동임을 알 수 있습니다. 적그리스도가 재림직전에 한 인격체로서 역사 안에 그 모습을 구체적으로 드러내는 때가 옵니다.

　셋째로, '나타난다'라는 동사는 그리스도께서 재림하시는 광경을 묘사할 때 사용된 동사로서 주님의 오심이 초자연적인 사건이듯이 적그리스도의 임함도 그리스도의 재림에 상응하는 초자연적인 사건이 될 것이며 적그리스도는 자신의 임함을 마치 그리스도께서 재림하실 때처럼 흉내 내려고 시도할 것임을 시사합니다.

　4절은 적그리스도가 하는 일을 묘사합니다. "그는 대적하는 자라 신이라고 불리는 모든 것과 숭배함을 받는 것에 대항하여 그 위에 자기를 높이고 하나님의 성전에 앉아 자기를 하나님이라고 내세우느니라." 적그리스도가 하는 일은 하나님을 대적하면서 자기 자신을 하나님보다 위에 올려놓는 일입니다. "신이라 불리는 모든 것과 숭배함을 받는 것"은 "하나님 또는 경배의 대상이라고 불리는 모든 것"이라고 번역할 수도 있습니다. 적그리스도는 하나님을 경배하는 것과 관련된 모든 것을 대적하고 짓밟고 그 위에 올라서는 행동을 하는 자입니다.

　이와 동시에 적그리스도는 자기 자신을 하나님이라고 자칭하면서 세상 사람들에게 자신을 하나님으로 섬기고 따르라고 강요합니다. 적그리스도가 "하나님의 성전"에 앉아 있는 것으로 묘사되고 있음을 볼 때 예수님을 팔아넘긴 자가 예수님의 제자단에서 나왔듯이 적그리스도가 교회의 영역 안에서 나오거나 교회를 거점으로 삼고 활동하게 되리라는 것을 상정해 볼 수 있습니다. 적그리스도는 하나님께서 의로운 법에 따라 전개하시는 통치를 거부하면서 자신이 직접 제정한 법_{이 법은 하나님의 법의 입장에서 보았을 때는 불법이다}을 통하여 세상을 통치합니다. 하나님의 법과 질서에 순응하지 않고 자기 스스로가 자기에게 법이 되고 그 법에 따라서 행동하는 사람은 적그리스도의 영향권 안에 있는 사람입니다.

바울은 적그리스도가 어떤 존재이며, 장차 어떤 일을 할 것인지를 말한 다음, 이 가르침은 자신이 데살로니가에 있을 때 이미 충분히 가르친 내용임을 5절에서 상기시킵니다. "내가 너희와 함께 있을 때에 이 일을 너희에게 말한 것을 기억하지 못하느냐?"

역사 안에서 활동하고 있는 불법의 비밀 (2:6-7)

3-5절에서 재림직전에 적그리스도라는 인격체가 등장할 것을 예고하면서 이 적그리스도가 아직 임하지 않았으므로 재림의 때는 아직 오지 않았다는 논증을 전개한 바울은 6-7절에서는 현재로 관심을 돌려 현재는 적그리스도와 어떤 관련이 있는가를 말합니다. '적그리스도가 아직 오지 않았으니까 현재는 적그리스도의 세력이 전혀 영향을 미치지 않는 때인가? 만일 적그리스도가 현재에도 관계한다면 어떤 형태로 관계하는가?' 이 질문에 대하여 바울은 눈에 보이는 인격체로서의 적그리스도는 아직 오지 않았지만 그렇다고 해서 현재의 역사 안에서 적그리스도가 전혀 활동하지 않는 것은 아니라고 대답합니다. 현재의 역사 안에서도 적그리스도가 은밀하게 활동

한다고 바울은 말합니다.

6절은 데살로니가후서 2장에서 가장 이해하기 어려운 구절입니다. "너희는 지금 그로 하여금 그의 때에 나타나게 하려 하여 막는 것이 있는 것을 아나니." 바울은 성도들이 이미 알고 있음을 전제하고 적그리스도가 그의 때에 나타날 때까지 적그리스도의 출현을 막는 것이 있다고 말합니다. 데살로니가교회 성도들은 바울이 구두로 행한 설교를 통해서 적그리스도의 나타남을 막는 것이 구체적으로 무엇을 뜻하는가를 이미 알고 있었습니다. 바울은 데살로니가 교인들이 이미 알고 있기 때문에 다시 말할 필요가 없다고 생각하고 그 내용을 말하지 않습니다. 따라서 우리는 "막는 것"이 정확하게 무엇을 가리키는지 알기가 쉽지 않습니다. 많은 주석가들이 이것이 무엇을 의미하는가를 설명해 보려고 많은 의견을 제시했습니다. 그러나 앞뒤 문맥을 살피면 이 말이 무엇을 뜻하는지 어느 정도 추정이 가능합니다. 이 단락에서 적그리스도가 불법과 관련이 있는 것으로 볼 때 적그리스도의 출현을 막는 것은 "세상에 하나님이 두신 질서와 법"을 뜻한다고 볼 수 있습니다. 세상에는 불의한 일과 사람들도 많이 있지만 그래도 법이 있고 질서가 있어서 상당한 정도로 불의와 악이 제어 당하고 있는데, 이와 같은 법과 질서 때문에 불법의 사람인 적그리스도가 노골적으로 그 모습을 드러내어 세상을 아예 장악해 버리는 일이 제지당한다고 해석하는 것이 가능합니다.

여하튼 본문은 적어도 다음과 같은 두 가지 사실만은 분명하게 말하고 있습니다.

첫째로, 현재_{적어도 바울이 사역하던 당시}는 적그리스도가 나타날 때가 아니라는 것입니다.

둘째로, 장차 하나님이 정하신 때가 되면 적그리스도가 인격체로서 등장한다는 것입니다.

이처럼 불법의 사람인 적그리스도가 오는 것이 제지당하지만 그렇다고 해서 불법의 사람이 현세로부터 떠나 있는 것은 아닙니다. 7절을 읽어 봅시다. "불법의 비밀이 이미 활동하였으나 지금은 그것을 막는 자가 있어 그 중에서 옮겨질 때까지 하리라." 본문은 현세 안에 불법의 비밀이 활동하고 있다고 말합니다. 그러면 불법은 어떻게 현세 곧, 역사 안에서 활동합니까? 대답은 "비밀"이라는 말에 있습니다. 여기서 비밀이라는 말은 사람의 눈에 숨겨져 있기 때문에 발견되지 않는 것을 말합니다. 따라서 불법의 비밀이 활동한다는 말은 불법의 사람 곧, 적그리스도가 인간의 눈에 띄지 않는 방식으로 은밀하게 작용한다는 뜻입니다. 이것은 정말로 적절하고 정확하게 역사 안에서 움직이는 적그리스도의 활동을 묘사한 것입니다.

적그리스도는 영악하기 때문에 역사 안에서 결코 허술하게 활동하지 않습니다. 역사 안에서 적그리스도는 철저하게 자신을 "광명의 천사"로 위장하여 활동합니다. 예를 들어서 하나님이 정하신 구원의 법은 예수 그리스도를 믿는 길만이 유일한 구원의 길이라는 것인데, 예수 그리스도를 믿는 길 이외에도 다양한 구원의 길이 있다고 주장하는 종교다원주의는 광명의 천사를 위장한 적그리스도의 활동입니다. 하나님이 정하신 창조의 법은 인간의 성별은 남자와 여자뿐이며, 남자와 여자로 결정된 성별은 전환이 불가능하며, 성관계는 남자와 여자 사이에서 이루어져야 한다는 것인데, 인간의 성별은 남자와 여자 이외에도 다양한 성이 있고, 성전환이 가능하다고 주장하는 젠더이데올로기나 성관계는 남자와 남자 사이, 여자와 여자 사이에서도 자유롭게 할 수 있다고 주장하는 성혁명 사상은 광명의 천사로 위장한 적그리스도의 활동입니다.

그러나 장차 때가 되면 적그리스도가 은밀한 방식으로 활동하기를 중단하고 그 모습을 노골적으로 드러내는 때가 옵니다. 그때는 적그리스도의 발현을 막고 있던 자가 퇴각하는 때입니다. 그가 역사의 무대에서 퇴각하면 적그리스도가 인격체로서 공개적으로 그 모습을 드러냅니다.

지금까지 적그리스도에 관하여 드러난 정보들을 종합해 보겠습니다. 적그리스도는 불법을 무기로 하여 활동하는 존재로서, 그리스도와 어깨를 겨루려고 시도하는 인격적 존재입니다. 적그리스도는 재림직전에 인격체의 모습으로 출현합니다. 적그리스도의 출현이 앞서지 않는 한 재림은 오지 않습니다. 그러나 적그리스도는 그 이전에도 불법의 원리로서 은밀하게 역사 안에서 인간의 삶의 전 영역에 영향력을 행사합니다. 적그리스도의 영향력으로부터 자유로울 수 있는 자는 없습니다. 불신자는 물론 적그리스도의 세력권 안에 있고, 신자들도 적그리스도가 펼치는 불법의 원리에 영향을 받을 수 있습니다. 여기서 우리는 영국의 위대한 신학자 브루스의 다음과 같은 권고를 귀담아들을 필요가 있습니다. "기독교인이 적그리스도의 영에 미혹 당하는 것을 허용하여 자신들의 마음속에서 그 영을 증진시킬 때 적그리스도의 영은 강화될 것이며, 기독교인들이 모든 형태의 적그리스도의 시현示顯에 주의하며 그것에 대하여 끊임없는 전쟁을 수행하고 예수 그리스도를 말로만이 아니라 행함과 진리 안에서 고백한다면 적그리스도의 영은 약화되고 감소될 것이다."

불법의 사람과 미혹 당한 자들의 운명 (2:8-10)

그렇다면 재림직전에 등장하는 불법의 사람의 운명은 어떤 것인가? 바울은 이 질문에 대하여 8-10절에서 대답합니다. 8절에서 바울은 죽음이 바로 불법의 사람의 운명이라고 선언합니다. "그 때에 불법한 자가 나타나리니 주 예수께서 그 입의 기운으로 그를 죽이시고 강림하여 나타나심으로 폐하시리라." "그 때에"라는 시간 표현은 7절에서 말한 "막는 자" 곧 하나님이 세상에 두신 법이 역사의 무대로부터 퇴각하는 때를 말합니다. 이때 불법한 자가 나타나는데, 그가 나타나면 주 예수께서 입 기운으로 그를 죽이실 것입니다. 또한 그리스도께서 강림하시는 순간, 강림하심 그 자체만으로 적그리스도는 괴멸되고 맙니다. 적그리스도 자신은 그리스도와 대등한 입장에서 싸워 보려고 시도하지만, 적그리스도와 그리스도는 서로 치고받고 싸우다가 결판을 내는 대등한 파트너가 아닙니다. 사실은 처음부터 게임이 되지 않습니다. 그리스도께서 한번 내쉬는 숨 한차례로 적그리스도는 죽고 맙니다. 그리스도께서 천군천사를 대동하고 권능과 영광으로 강림하시는 것만으로 적그리스도는 패하고 마는 것입니다. 그것은 마치 챔피언에 도전하는 권투선수가 한 십 년간 전의를 불태우며 피나는 훈련을 한 뒤에 링에 올랐는데 경기 시작종이 울리자마자 챔피언이 가볍게 한 번 휘두른 주먹에 KO 당해 버리는 것과도 같습니다. 처음부터 적그리스도는 그리스도의 대적이 될 수가 없었습니다.

8절에서 적그리스도의 운명을 예고한 바울은 9, 10절에서는 적그리스도의 미혹을 받아 진리를 떠난 자들에게 찾아올 운명을 예고합니다. "악한 자의 나타남은 사탄의 활동을 따라 모든 능력과 표적과 거짓 기적과 불의의 모든 속임으로 멸망하는 자들에게 있으리니"9-10절상. 여기서 "악한 자"는 불법의 사람 곧 적그리스도를 가리키는데, 그가 "사탄의 활동을 따라" 행동한다는 말은 적그리스도의 힘의 원천이 사탄임을 말합니다. 적그리스도는 사탄의 권능으로 사람들이 자신을 하나님으로 숭배하도록 미혹하는 여러 가지 능력들을 행합니다. "모든 능력과 표적과 거짓 기적"을 행합니다. 적그리스도의 행동강령은 10절 상반절이 말하고 있는 것처럼 "불의의 모든 속임" 곧 거짓말입니다. 적그리스도의 활동에 미혹된 자들은 "멸망하는 자들"로 정의되고 있습니다. 이 표현에서 적그리스도에게 미혹된 자들의 운명이 어떤 것인가가 드러납니다. 이들의 최종적인 운명은 곧 "멸망"입니다.

이들이 도대체 어떤 태도를 취했기에 멸망의 운명을 당하게 되었는가? 10절 하반절이 답변합니다. "이는 그들이 진리의 사랑을 받지 아니하여 구원함을 받지 못함이라." 이들이 구원을 얻지 못하고 멸망당해야 했던 이유는 이들이 진리를 사랑하라는 초청을 거부했기 때문입니다. 진리는 갈라디아서 2장 14절이 말하는 "복음의 진리"이며, 에베소서 4장 21절이 말하는 "예수 안에 있는 진리"이며, 요한복음 14장 6절이 말하는 예수님 자신입니다. "예수께서 이르시되 내가 곧 길이요 진리요 생명이니 나로 말미암지 않고는 아버지께로 올 자가 없느니라"요 14:6. 진리이신 예수님을 사랑하기를 거부했기 때문에 이들은 구원받지 못하는 것이며, 적그리스도의 미혹과 역사의 궁극적인 목표는 진리이신 예수를 사랑하지 못하게 하는 것입니다. 예수 믿는 것을 거부하고 하나님께로 돌아오기를 거부하는 사람들 배후에는 불법의 원리인 적그리스도의 계교가 숨어 있습니다.

미혹당하는 것 자체가 하나님의 심판 (2:11-12)

11절과 12절에서 바울은 적그리스도의 활동과 관련된 깊은 진리 하나를 제시합니다. "이러므로 하나님이 미혹의 역사를 그들에게 보내사 거짓 것을 믿게 하심은 진리를 믿지 않고 불의를 좋아하는 모든 자들로 하여금 심판을 받게 하려 하심이라." 이 본문에서 우리를 잠시 혼란에 빠뜨리는 구절은 "하나님이 미혹의 역사를 그들에게 보내사 거짓 것을 믿게 하심은"이라는 구절입니다. 이 구절이 왜 이상합니까? 8-10절에서는 이들이 미혹을 받는 것은 적그리스도의 작용임을 분명히 시사하고 있습니다. 그런데 이제 11절에서는 하나님이 유혹을 주시고 거짓 것을 믿게 하셨다고 말합니다. 바울이 한 편에서는 적그리스도가 미혹한다고 해놓고는 조금 뒤에는 하나님이 유혹을 하게 하셨다고 하여 앞뒤가 맞지 않는 것 같은 말을 합니다.

이런 표현은 여기에만 있는 것이 아닙니다. 구약성경에 보면 다윗이 나라가 강성해지니까 자기 나라가 얼마나 강해졌는가를 알아보고 싶어서 인구조사를 했다가 하나님으로부터 준엄한 책망과 벌을 받은 사건이 있었습니다. 이 사건에 대해서 두 본문이 상반된 해석을 제시합니다. 사무엘하 24장 1절에는 하나님이 다윗의 마음을 움직이셔서 인구조사를 하도록 하신 것으로 되어 있습니다. "여호와께서 다시 이스라엘을 향하여 진노하사 그들을 치시려고 다윗을 격동시키사 가서 이스라엘과 유다의 인구를 조사하라 하신지라." 그러나 같은 사건을 기록하고 있는 역대상 21장 1절에는 사탄이 다윗의 마음을 격동시킨 것으로 되어 있습니다. "사탄이 일어나 이스라엘을 대적하고 다윗을 충동하여 이스라엘을 계수하게 하니라."

그러면 적그리스도가 다윗을 미혹하는 것을 하나님이 허용하셨다는 말이 도대체 무슨 뜻일까요? 우선 이 말은 하나님의 주권을 선언하는 것입니다. 마귀가 인간을 미혹하여 자기 수하로 끌어들이는 사건도 하나님의 다스림의 영역 밖에서 일어나는 사건이 아니라 하나님의 통치 안에서 일어나는 사건입니다. 세상 안에서 일어나는 어떤 사건도 하나님의 통치에서 벗어날 수 없습니다. 하나님은 인간의 마음속 깊은 곳까지 아시며, 온 우주에 충만하시기 때문에 누구도 하나님을 피할 수 없습니다 시 139편. 하나님은 적그리스도로 대표되는 이 세상의 악한 세력과 대등한 입장에서 대립하여 서시는 분이 아닙니다. 그렇게 되면 조로아스타교에서 주장하듯이 세상을 선과 악의 평행한 대결 구도로 보는 이원론에 빠지게 됩니다. 하나님은 적그리스도의 세력까지도 그 통치 안에 두시는 분이십니다.

사람들로 하여금 적그리스도의 미혹을 받게 하신 분이 하나님이라는 말은 사람들이 적그리스도의 미혹을 받는 사건을 통해서도 하나님은 자기 자신의 목적과 계획을 이루신다는 것을 의미합니다. 적그리스도는 사람들을 미혹하여 자기편으로 끌어들여 놓고는 승리의 개가를 부릅니다. 그러면서 그 순간을 즐깁니다. "하나님도 별수 없구나." 적그리스도의 미혹을 받은 자들은 적그리스도의 달콤한 유혹에 넘어가 쾌락을 누립니다. 자신들의 목적을 달성하는 순간입니다. 그러나 그 순간에 이미 하나님은 자신의 목적을 이루고 계셨던 것입니다. 말하자면 적그리스도가 사람들을 미혹시키고, 사람들이 미혹 당하여 쾌락에 탐닉하는 바로 그 순간이 이미 하나님께서 악에 대하여 심판을 내리시는 순간이라는 것입니다. 악인이 악을 마음대로 행하도록 내버려 두시는 것 자체가 이미 하나님의 심판에 들어와 있는 것입니다. 예컨대 로마서 1장 26절 이하에 보면 동성애를 하는 사람들에 대하여 바울이 이렇게 말합니다. "하나님께서 그들을 부끄러운 욕심에 내버려 두셨으니...부끄러운 일을 행하여 그들의 그릇됨에 상당한 보응을 그들 자신이 받았느니라." 동성애자들이 부끄러운 욕심에 끌려서 쾌락을 즐기는 시간은 하나님의 버림을 받는 시간이요, 하나님의 버림을 받는 시간은 하나님의 벌을 받는 순간입니다. 버림받는 것, 방치해 버리는 것, 아예 관심조차 갖지 않는 것 - 그것이 벌이 아니고 무엇입니까? 그뿐만 아니라 이들은 장차 그리스도의 입 기운과 재림에 의하여 멸망당하는 궁극적인 심판도 받게 될 것입니다. 악한 자들이 승리의 개가를 부르며 즐거움에 도취되는 바로 그 순간을 하나님은 벌써 악을 심판하는 순간으로 역이용하십니다. 하나님을 벗어나서 축배를 드는 것 같았는데 알고 보니 하나님의 손안에서 움직이고 있는 것입니다.

본문의 말씀은 일단 인간이 하나님이 정하신 의의 영역, 하나님의 질서와 법의 영역을 이탈하게 되면 어떤 객관적이고 중립적이며 악도 선도 아닌 중간지대로 들어서는 것이 아니라 바로 하나님의 심판의 영역에 들어서는 것임을 시사해 줍니다. 중간에서 적당히 머무적거리면서 하나님으로부터도 발을 빼고 사탄으로부터도 발을 뺀 채 여유를 즐길 수 있는 여지는 없습니다. 차든지 아니면 뜨겁든지 둘 중의 하나일 뿐입니다. 하나님의 의와 영광이 아니면 하나님의 심판이 있을 뿐입니다. 하나님의 의와 영광의 영역을 떠나는 순간 바로 하나님의 심판의 영역으로 발을 들여놓는 것입니다. 그러니 아예 처음부터 철저하게 순복하고 하나님의 질서와 법에 순종하는 삶을 사는 것이 손해 보지 않는 길입니다.

감사와 기도 (2:13-17)

바울은 2장 1-12절에서 적그리스도의 활동과 운명, 적그리스도의 활동을 중심으로 한 역사해석 그리고 예수 그리스도의 재림의 때에 관한 긴 사상의 여행을 마무리하고 다시 데살로니가교회 성도들의 현재 신앙생활로 관심을 돌립니다. 재림문제를 이야기할 때나 적그리스도에 관한 이야기를 할 때나 바울의 궁극적인 관심은 항상 데살로니가교회 성도들의 현재의 신앙생활을 향해 있습니다. 이 모든 이야기를 하는 목적도 바로 데살로니가교회 성도들의 현재의 신앙생활을 도우려는 데 있습니다. 바울은 데살로니가교회 성도들을 생각하면서 다시 한번 하나님께 감사를 드립니다. "주께서 사랑하시는 형제들아 우리가 항상 너희에 관하여 마땅히 하나님께 감사할 것은"13절 상.

감사의 제목은 13절 하반절에서 14절까지 서술되어 있습니다. "하나님이 처음부터 너희를 택하사 성령의 거룩하게 하심과 진리를 믿음으로 구원을 받게 하심이니 이를 위하여 우리의 복음으로 너희를 부르사 우리 주 예수 그리스도의 영광을 얻게 하려 하심이니라." 이 두 절을 보면 신학에서 말하는 '구원의 서정'의 초기형태가 나타나 있는 것을 볼 수 있습니다. 먼저 하나님의 택하심이 나옵니다. 택하심은 창세 전까지 거슬러 올라가는 사건입니다. 그런 다음에 부르심이 나옵니다. 부르심은 역사 안에서 복음을 통하여 성도들을 부르시는 하나님의 사역입니다. 마지막으로 영광을 얻게 하는 일이 나옵니다. 영광을 얻는 것은 예수 그리스도의 재림 때에 성도들의 몸이 부활하는 미래에 일어나는 사건입니다. 이처럼 바울의 초기서신에 나타난 "택하심 -> 부르심 -> 영광을 얻게 하심"으로 진행되는 성도의 구원서정은 바울의 후기서신인 로마서 8장 30절에서 좀 더 발전된 형태로 등장합니다. "또 미리 정하신 그들을 또한 부르시고 부르신 그들을 또한 의롭다 하시고 의롭다 하신 그들을 또한 영화롭게 하셨느니라." 여기 나타난 구원의 서정은 "정하심선택 -> 부르심 -> 의롭다 하심칭의 -> 영화"입니다. 이 도식은 데살로니가후서의 구원서정에 "의롭다 하심"을 첨가한 형태입니다. 이 구원서정을 통해서 우리는 성도들이 창세 전부터 그리스도의 재림 때까지 영원에서 시작되어 영원까지 이르는 역사의 전 과정이 진행되는 동안 하나님의 마음속에 기억되고 있다는 놀랍고 가슴 뭉클한 진리를 발견하게 됩니다. 하나님이 이 장구한 기간 우리를 마음에 두시고 우리를 위하여 준비하고 계획하시며, 때가 되자 우리를 자녀로 부르시고, 마지막 날에 그리스도의 영광에 참여할 수 있는 특권까지 주셨다는 사실을 묵상할 때 어떻게 우리의 마음이 하나님께 감사한 마음으로 충만하지 않을 수 있으며, 하나님을 찬양하지 않을 수 있겠습니까?

성도에게 주어진 영광과 축복이 얼마나 크고 장엄하고 감동적인 것인가를 생각하며 하나님께 감사한 바울은 이제 다시 냉엄한 현실로 눈을 돌려서 이 같은 축복에 참여하는 성도들의 삶의 태도가 어떠해야 하는가에 대하여 권고합니다. 15절을 보겠습니다. "그러므로 형제들아 굳건하게 서서 말로나 우리의 편지로 가르침을 받은 전통을 지키라." "그러므로" 곧, 성도들이 참여하는 영광이 이토록 놀라운 것이므로. 환란과 박해 속에서도 "굳건하게 서서" 흔들리지 않아야 합니다. 흔들리지 않기 위해서는 붙들 기둥이 있어야 하는데, 그 기둥은 바울이 "말로나" 곧, 데살로니가에 있을 때 행한 설교를 통해서나, "우리 편지로", 곧 데살로니가전서를 통해서 전해준 전통을 "지키라" 곧, 꽉 잡으라는 것입니다. 본문이 말하는 전통은 공관복음서에서 사용되고 있는 전통과는 의미가 다릅니다. 마가복음 7장에 등장하는 전통은 바리새인들이 간직해 온 구약성경을 해설하는 법전을 가리키지만, 여기서 말하는 전통은 예수 그리스도와 바울을 통하여 전해진 복음을 말합니다. 바울은 환란과 박해가 찾아오는 현실 속에서 복음을 굳게 잡으면서 견실한 신앙을 유지하도록 권고합니다.

그러나 바울은 이 일이 인간의 힘만으로는 이루어질 수 없음을 잘 압니다. 따라서 15절에서 행함을 강조한 바울은 16절과 17절에서 행함을 가능하게 하는 힘의 원천인 하나님께 데살로니가교회 성도들을 부탁하는 기도를 함으로써 또 하나의 문단을 마무리합니다. "우리 주 예수 그리스도와 우리를 사랑하시고 영원한 위로와 좋은 소망을 은혜로 주신 하나님 우리 아버지께서 너희 마음을 위로하시고 모든 선한 일과 말에 굳건하게 하시기를 원하노라." 바울은 예수 그리스도와 성부 하나님을 완전히 동등한 위치에 배치함으로써 예수 그리스도를 확고하게 하나님으로 고백하는 삼위일체 사상을 보여줍니다.

II Thessalonians

기도의 요청과
게으름에 대한 경고

살후 3:1-18

기도를 부탁하는 바울 (3:1-2)

바울이 위대한 사도였다는 점에 대해서는 우리 가운데 이의를 제기할 사람이 없을 것입니다. 그런데 바울의 위대함은 단순히 그가 재능이 탁월한 사람이었다는 점에서만 확인되는 것이 아닙니다. 그의 위대함은 바울이 언제나 "하나님께 겸손하게 의존하는 태도"에서도 발견됩니다. 2장 17절에서 데살로니가교회 성도들을 위하여 기도한 바울은 3장에서는 거꾸로 디모데와 실루아노가 포함된 자신들을 위하여 기도해달라고 요청합니다. 바울은 자신과 데살로니가교회 성도들과의 관계를 기도와 위로를 주고받는 상호적인 관계로 파악합니다. 바울은 복음의 진리를 가르칠 때는 자신의 가르침에 신적인 권위를 싣는 것을 주저하지 않았지만, 인간관계에 있어서는 데살로니가교회 성도들 위에 서서 일방적으로 지도하는 입장을 취하지 않고 서로 주고받는 상호적인 관계 안에 자신을 두었습니다.

1-2절을 보겠습니다. "끝으로 형제들아 너희는 우리를 위하여 기도하기를 주의 말씀이 너희 가운데서와 같이 퍼져 나가 영광스럽게 되고 또한 우리를 부당하고 악한 사람들에게서 건지시옵소서 하라 믿음은 모든 사람의 것이 아니니라." "끝으로 형제들아"라는 표현이 등장하는 것을 볼 때 바울서신에서 늘 그렇듯이 지금까지 다룬 것과는 다른 새로운 주제가 시작된다는 것을 알 수 있습니다. 바울이 부탁한 기도제목은 두 가지입니다.

먼저 바울은 말씀사역을 위하여 기도를 부탁합니다. 바울은 주의 말씀이 퍼져 나가 영광스럽게 되도록 기도를 부탁합니다. 말씀이 퍼져 나간다는 표현은 개역 한글판에서는 말씀이 달음질한다고 번역되어 있는데, 이 번역이 원문의 의미를 더 잘 살린 번역입니다. 왜냐하면 이 단어는 군대에서 전령이 하달받은 명령을 신속하게 전달하기 위하여 힘을 다해 달려가는 모습을 묘사하는 표현이기 때문입니다. 전령처럼 빠르게 전파되는 말씀의 모습을 묘사한 성경본문으로는 시편 147편 15절을 들 수 있습니다. "그의 명령을 땅에 보내시니 그의 말씀이 속히 달리는도다." 바울은 자신이 전하는 말씀이 신속하게 널리 퍼져서 많은 열매를 거둘 수 있도록 기도를 부탁합니다. 바울은 말씀이 신속하게 전달될 뿐만 아니라 전달된 말씀이 열매를 거두는 광경을 보고 사람들이 하나님께 영광을 돌릴 수 있도록 기도합니다.

말씀이 빠른 속도로 전파되도록 부탁을 할 때 바울은 자신이 데살로니가교회에서 했던 사역을 생각하고 있습니다. 그것은 "너희 가운데서와 같이"라는 어구에서 확인할 수 있습니다. 바울은 데살로니가를 떠난 이후 베뢰아, 아테네를 거쳐서 고린도에 머무는 중인데, 바울이 데살로니가교회에서의 사역을 어떤 향수처럼 계속 떠올리고 있는 것은 베뢰아나 아테네, 체류를 시작한 지 얼마 되지 않은 고린도에서의 사역이 뜻대로 쉽게 이루어지지 않고 있음을 간접적으로 시사해 주는 것입니다. 만일 이런 도시들에서 사역이 잘 이루어졌다면, "베뢰아에서처럼" 또는 "아테네에서처럼" 또는 "고린도에서처럼"이라는 표현을 자신 있게 썼을 것입니다. 베뢰아에서 일을 할 만하다고 생각했을 때 바울은 떠나야 했고, 아테네에서는 별다른 열매를 거둘 수가 없었고, 고린도에서는 실의와 좌절을 극복하지 못하고 있었습니다. 이와는 대조적으로 데살로니가에서의 사역은 빠른 시간에 큰 성공을 거둔 사역이었습니다. 사도행전 17장 4절에 보면 경건한 헬라인의 큰 무리와 적지 않은 귀부인도 권함을 받고 바울과 실라를 따랐다는 언명이 있는 것으로 볼 때 데살로니가에서의 말씀사역이 신속한 열매를 거두었음을 알 수 있습니다. 빠른 시간에 큰 성공을 거둔 것이 화근이 되어 유대교인들의 미움을 사서 쫓겨났을 정도였으니까요. 바울은 이런 사역이 계속되도록 기도부탁을 하고 있는 것입니다.

바울의 두 번째 기도제목은 '부당하고 악한 사람들에게서 건져주시도록' 기도해달라는 것입니다. 부당하고 악한 사람들은 주로 바울이 사역을 하는 현장마다 뒤 따라다니면서 바울을 괴롭힌 유대교인들을 가리킵니다. 그러나 유대교인이 아닌 사람 중에 바울의 사역을 방해하는 자들도 많았습니다. 바울은 이들을 염두에 두고 "믿음은 모든 사람의 것이 아니니라"라고 말하고 있는데, 이 말은 자신의 사역을 집요하게 방해하는 자들 가운데 구원받지 못할 자들도 있다는 뜻입니다. 거듭거듭 전달되는 복음의 말씀을 끝내 받아들이지 않는 자들은 영원히 사하심을 얻을 수 없는 "성령을 훼방하는 죄" 안에 들어가게 됩니다. 하나님의 복음의 말씀은 온 인류에게 그 문이 열려 있으나 항상 열려 있는 것은 아니며, 온 인류가 모두 예외 없이 다 복음을 받아들이는 것도 아닙니다. 복음 전도자들의 최선을 다한 전도 노력에도 불구하고 구원의 대열에 서지 못하는 자들이 있을 것입니다.

추가적인 교훈을 주기 위하여 세심히 준비하는 바울 (3:3-5)

1-2절에서 기도를 부탁한 바울은 3절에서 다시 데살로니가교회 성도들에게로 화제를 돌려서 하나님이 이들을 지켜 주실 것이라는 확신을 밝힘으로써 이들을 격려합니다. "주는 미쁘사 너희를 굳건하게 하시고 악한 자에게서 지키시리라." "악한 자"는 데살로니가교회 성도들을 괴롭히는 유대교인들을 뜻합니다.

바울이 3장을 서술하는 목적 가운데 하나는 데살로니가 교인들의 마음을 불편하게 할 수도 있는 매우 어려운 충고를 주려는데 있습니다. 바울은 데살로니가교회 성도들의 잘못된 부분을 지적하기에 앞서서 이들이 자신의 지적을 오해하지 않도록 세심하게 준비 작업을 합니다. 우선 4절에서 바울은 데살로니가교회 성도들을 칭찬합니다. "너희에 대하여는 우리가 명한 것을 너희가 행하고 또 행할 줄을 우리가 주 안에서 확신하노니." 바울은 데살로니가에서 사역할 때 자신이 그들에게 준 명령을 그들이 충실히 이행한 것을 칭찬합니다. 그러나 바울의 칭찬은 여기서 그치지 않습니다. 바울은 이들이 미래에 "또 행할 줄을" 확신하면서 미래의 모습에 대하여 앞당겨서 칭찬합니다. 바울이 이렇게 말하는 이유는 자신이 이제 곧 데살로니가교회 성도들에게 줄 권고를 고깝게 생각하지 말고 즐거운 마음으로 받아들일 것을 간접적으로 부탁하려는 데 있습니다. 바울은 데살로니가교회 성도들을 칭찬하면서 새로운 권고를 받아들일 수 있도록 마음의 준비를 시킵니다.

5절은 이들이 사랑과 인내의 마음을 갖도록 간접적으로 권고함으로써 계속하여 마음의 준비를 시킵니다. "주께서 너희 마음을 인도하여 하나님의 사랑과 그리스도의 인내에 들어가게 하시기를 원하노라." 바울은 데살로니가교회 성도들에게 "사랑"과 "인내"를 가지라고 명령하지 않습니다. 주님께서 이들의 마음을 인도해 주셔서 하나님의 사랑과 주님의 인내로 들어갈 수 있게 해달라는 기도를 하고 있을 뿐입니다. '마음을 인도한다'라는 구절에 사용된 동사 "인도하다"라는 표현은 길 앞에 놓여 있는 장애물을 제거하거나 굽은 길을 곧게 펴서 길을 평탄하게 만드는 것을 뜻합니다. 데살로니가교회 성도들의 마음속에 있는 장애물이 제거되고 마음이 깨끗해져야 하나님의 사랑과 그리스도의 인내의 길이 눈에 보입니다. 바울은 4-5절에서 아주 지혜롭게 고도의 전략을 구사하면서 데살로니가교회 성도들이 새로운 충고를 받기 전에 마음의 준비를 갖추도록 배려합니다.

목회자와 성도의 경제생활 (3:6-10)

충분한 사전 준비 작업을 거친 바울은 마침내 데살로니가후서의 두 번째 주제를 말하기 시작합니다. "형제들아 우리 주 예수 그리스도의 이름으로 너희를 명하노니 게으르게 행하고 우리에게서 받은 전통대로 행하지 아니하는 모든 형제에게서 떠나라"6절. 여기서 바울은 데살로니가교회 성도들에게 일부 형제들과 교제를 나누는 것을 중단하라는 명령을 내립니다. 이 형제들의 특징은 두 가지인데, 먼저 이들은 "게으르게 행하는" 자들입니다. 게으르게 행한다는 말은 일하지 않고 이리저리 배회한다는 뜻입니다. 동시에 이들은 "우리에게 받은 전통대로 행하지 않는" 자입니다. 전통은 바울이 데살로니가교회 성도들에게 전한 복음의 말씀을 뜻합니다. 이들은 재림의 때가 이미 도래했다는 잘못된 가르침에 현혹된 자들입니다. 이들은 세상 종말이 왔기 때문에 일할 필요가 없다고 주장했습니다. 바울은 이들에 대하여 이미 데살로니가전서에서 권고한 일이 있습니다. "또 너희에게 명한 것같이 조용히 자기 일을 하고 너희 손으로 일하기를 힘쓰라"살전 4:11. "또 형제들아 너희를 권면하노니 게으른 자들을 권계하며"살전 5:14. 그러나 바울이 데살로니가전서에서 제시한 권고는 원하는 열매를 얻지 못했습니다. 이 때문에 바울은 데살로니가후서를 쓰게 되었고 데살로니가전서에서는 지나가는 어조로 간략히 언급되었던 문제가 후서에서는 중심 주제 가운데 하나로 취급되기에 이르렀던 것입니다.

바울은 게으른 형제들에 대한 태도를 말하기에 앞서서 바울 일행이 데살로니가에서 어떤 모습으로 생활했는가를 상기시킵니다. 7절을 읽겠습니다. "어떻게 우리를 본받아야 할지를 너희가 스스로 아나니 우리가 너희 가운데서 무질서하게 행하지 아니하며." '무질서하게 행하지 않았다'라는 말은 "일을 하지 않고 한가하게 놀면서 지내지 않았다"라는 뜻입니다. 바울은 8절에서 밝히고 있는 것처럼 값없이 양식을 먹지 않았으며, 아무에게도 누를 끼치지 않기 위해 밤낮으로 일하여 생활비를 해결했습니다.

9절은 목회자의 경제생활에 관한 교훈을 준다는 점에서 중요한 본문입니다. "우리에게 권리가 없는 것이 아니요 오직 스스로 너희에게 본을 보여 우리를 본받게 하려 함이니라." 9절 말씀은 축약된 형태로 목회자의 경제생활의 핵심을 잘 보여줍니다. "우리에게 권리가 없는 것이 아니요"는 목회자의 경제생활의 일반원리고, "오직 스스로 너희에게 본을 보여 우리를 본받게 하려 함이니라"는 일반원리를 보완하는 예외규정입니다. 중요한 것은 예외규정을 일반적인 원리로 적용해서는 안 된다는 것입니다.

먼저 일반적인 원리부터 살펴보겠습니다. 우리에게 권리가 없는 것이 아니라는 말씀은 복음전파에 전적으로 헌신한 사역자에게는 교인들로부터 제공되는 돈으로 생활을 할 권리가 있다는 뜻입니다. 예수님도 같은 원리를 말씀하셨습니다. "너희 전대에 금이나 은이나 동을 가지지 말고 여행을 위하여 배낭이나 두 벌 옷이나 신이나 지팡이를 가지지 말라 이는 일꾼이 자기의 먹을 것 받는 것이 마땅함이라"마 10:9-10. "그 집에 유하며 주는 것을 먹고 마시라 일꾼이 그 삯을 받는 것이 마땅하니라 이 집에서 저 집으로 옮기지 말라"눅 10:7. 예수님은 복음사역자는 복음사역을 성실하게 수행하는데 힘쓰면서 성도들이 제공하는 물질을 받아서 생활하는 것이 바른길이라는 원리를 천명하셨습니다. 그것은 마땅한 일입니다. 목회자는 목회의 부름을 받은 이상 목회에 전념해야 하고 성도들은 목회자가 목회에 전념하도록 경제적으로 지원할 의무가 있습니다. 이것이 일반원리입니다.

그러나 예외 없는 규칙은 없습니다. 바울이 데살로니가에서 만난 상황은 예외적인 상황이었습니다. 데살로니가에는 그럴듯한 철학적 원리를 가르쳐 주고는 이에 대한 대가를 챙기는 순회설교자들이 활동하고 있고, 성도들의 신앙은 아직도 연약한 단계에 머물러 있고, 성도 중 상당수는 손노동을 해서 먹고사는 가난한 사람들이었습니다. 이런 사정을 주의 깊게 살펴본 바울은 이 상황을 예외적인 비상한 상황이라고 진단하고 이들의 신앙이 자랄 때까지는 일을 하면서 복음을 전하는 태도를 보여줄 필요가 있다고 판단한 것입니다.

바울 일행이 보여준 생활 모범이 10절에 제시되어 있습니다. "우리가 너희와 함께 있을 때에도 너희에게 명하기를 누구든지 일하기 싫어하거든 먹지도 말게 하라 하였더니." 이 절은 성도의 경제생활의 원리들 가운데 하나를 제시합니다. 생활비는 노동을 한 결과로 얻은 열매로 충당하라는 것입니다. 이 교훈에서 우리가 주의 깊게 읽어야 할 부분은 이 본문이 "일하지 않는 자는 먹지도 말게 하라"고 되어 있지 않고 "일하기 싫어하는 자는 먹지도 말게 하라"고 되어 있다는 점입니다. 이 말이 무슨 뜻일까요? 바울은 일자리가 있는데도 게을러서 일하기를 거부하는 자를 염두에 둔 것일 뿐, 비자발적인 실업자, 곧 일하고 싶어도 본인에게 책임을 물을 수 없는 여러 가지 이유 때문에 일할 수 없는 자들 - 타의에 의하여 해고되어 직업을 상실한 자, 병으로 일할 수 없게 된 자, 신체장애로 일할 수 없게 된 자, 어린이나 노인들 - 도 먹지 말게 하라는 명령을 주는 것이 아니라는 것입니다.

문제의 형제들에 대한 권고 (3:11-15)

바울은 11절에 이르러서야 비로소 자신이 하고 싶었던 권고를 제시합니다. 바울은 문제가 되는 성도들을 직접 거론하면서 경고합니다. "우리가 들은즉 너희 가운데 게으르게 행하여 도무지 일하지 아니하고 일을 만들기만 하는 자들이 있다 하니"11절. 이들은 일을 하지 않아 남는 시간에 성도들을 만나 이야기하면서 시간을 보냈습니다. 이들은 성도들에게 재림의 때가 임박했기 때문에 자신들은 영적인 재림준비에 몰두해야 하고, 영적인 일에 몰두하지 못하는 다른 성도들이 자신들의 생활비를 충당해 주는 것은 당연한 일이라고 강변했습니다. 이들로 인해 교회가 혼란에 빠졌습니다. 바울은 12절에서 이들에게 조용히 일하여 생활비를 벌라고 권고합니다. "이런 자들에게 우리가 명하고 주 예수 그리스도 안에서 권하기를 조용히 일하여 자기 양식을 먹으라 하노라."

그러나 바울은 문제의 형제들 가운데 완고하게 끝까지 권고를 들으려고 하지 않는 형제들도 있을 수 있음을 예견하면서 이들이 끝까지 말을 듣지 않고 자기들의 생활방식을 고집하는 경우에 어떻게 처리해야 하는가를 말합니다. 바울은 13절에서 문제의 형제들을 제외한 다른 성도들에게 이렇게 권고합니다. "형제들아 너희는 선을 행하다가 낙심하지 말라." 선을 행할 때 낙심하지 말라는 말씀은 이 세상에서 선한 삶을 영위하고자 하는 모든 성도가 유념해야 할 보편적인 교훈입니다. 악과 불의가 지배하고 있는 이 세상에서 선을 행하기를 고집하다 보면 따돌림도 받을 수 있고 소외감도 느낄 수가 있고 지치는 경우도 있을 수 있기 때문입니다. 그런데 이 권고는 이 문맥에서는 권고를 받아들이지 않는 완고한 성도들과 관련이 있습니다. 이들을 설득시켜서 바른 삶을 갖도록 하는 것이 결코 쉬운 일이 아닙니다. 그리고 말을 듣지 않는 자들을 적으로 생각하고 미워할 수도 있습니다. 그러나 그렇게 하지 말고 끝까지 인내하는 가운데 이들을 형제로서 포용하고 설득하는 일을 포기하지 말라는 권고가 이 말에 함축되어 있습니다.

13절에 함축된 의미는 14-15절에서 표면화됩니다. "누가 이 편지에 한 우리 말을 순종하지 아니하거든 그 사람을 지목하여 사귀지 말고 그로 하여금 부끄럽게 하라." 바울은 끝까지 말을 듣지 않는 자들과는 사귀지 말라고 단호하게 명령합니다. 그러나 이처럼 친밀한 교제를 중지하는 목적은 이들을 영구적으로 교회에서 쫓아내려는 데 있지 않습니다. 이들로 하여금 부끄러움을 느끼게 하기 위한 것입니다. "이렇게 행동하면 교회에서 받아들여지지 않는구나"하는 생각을 갖도록 하라는 것입니다. 교회에서 성도들이 바르지 못한 행동을 계속하면서 고치지 않으면 고칠 때까지 이들을 소외시킬 필요가 있습니다. 교회에서는 아무렇게나 행동해도 다 용인해 준다는 인상을 주는 것은 바람직하지 않습니다. 자, 이런 지경에 이르면 문제의 성도들과 다른 성도들이 서로 적이 되고 또 미운 마음을 가질 수 있지 않겠습니까? 이런 경우라 할지라도 "원수와 같이 생각하지 말고 형제 같이 권면하라"라고 바울은 말합니다. 바르지 못한 행동을 바로잡기 위하여 문제가 되는 형제를 소외시키면서 미워하는 마음을 품지 않는 일이 쉬운 일이 아니기에 인내하면서 낙심하지 않는 태도가 필요한 것입니다.

마무리 인사 (3:16-18)

할 말을 다 썼다고 판단한 바울은 주님께서 평강을 주시기를 빌면서 서신을 마무리합니다. "평강의 주께서 친히 때마다 일마다 너희에게 평강을 주시고 주께서 너희 모든 사람과 함께 하시기를 원하노라"16절. 데살로니가후서는 바울 자신이 구두로 말한 것을 다른 사람이 대필하게 하고 마지막 몇 마디는 친필로 쓰면서 서신의 내용이 모두 바울 자신이 말한 내용임을 보증하는 방식으로 서술되었습니다. "나 바울은 친필로 문안하노니 이는 편지마다 표시로서 이렇게 쓰노라"17절. "편지마다 표시로서"라는 말은 '친필로 문안한다'라는 표시어가 들어간 서신은 바울 자신이 보낸 서신임을 보증한다는 뜻입니다. 바울은 마지막으로 주 예수의 은혜가 데살로니가교회 성도들에게 함께 할 것을 기원하면서 서신을 마무리합니다. "우리 주 예수 그리스도의 은혜가 너희 무리에게 있을지어다"18절.